U0484468

中国民间文艺之乡

系中国民间文化遗产抢救工程系列成果

福建仙游九鲤湖

于2009年被中国民间文艺家协会命名为

中国梦文化之乡

《中国民间文艺之乡》总编委会
　　总顾问：冯骥才
　　总主编：潘鲁生　邱运华
　　编委会委员：潘鲁生　邱运华　周燕屏　吕军　侯仰军　徐岫鹃　刘德伟
　　　　　　　　孔宏图　姚莲瑞　尹兴　周小丽　王东升

《中国梦文化之乡——福建仙游九鲤湖》编辑委员会
　　名誉主任：郑亚木　吴国顺
　　主　　任：黄文塔
　　副 主 任：陈清好
　　编　　委：陈志斌　胡建新　陈建东　郑国金　朱扬发　连铁杞
　　主　　编：连铁杞
　　副 主 编：黄玉坤　郑裕良
　　成　　员：徐绍加　谢紫娟　郑宜琳　卢永芳　赵贺民
　　图片摄影：赵贺民

中国梦文化之乡
福建仙游九鲤湖

主编 连铁杞

中国文联出版社
http://www.clapnet.cn

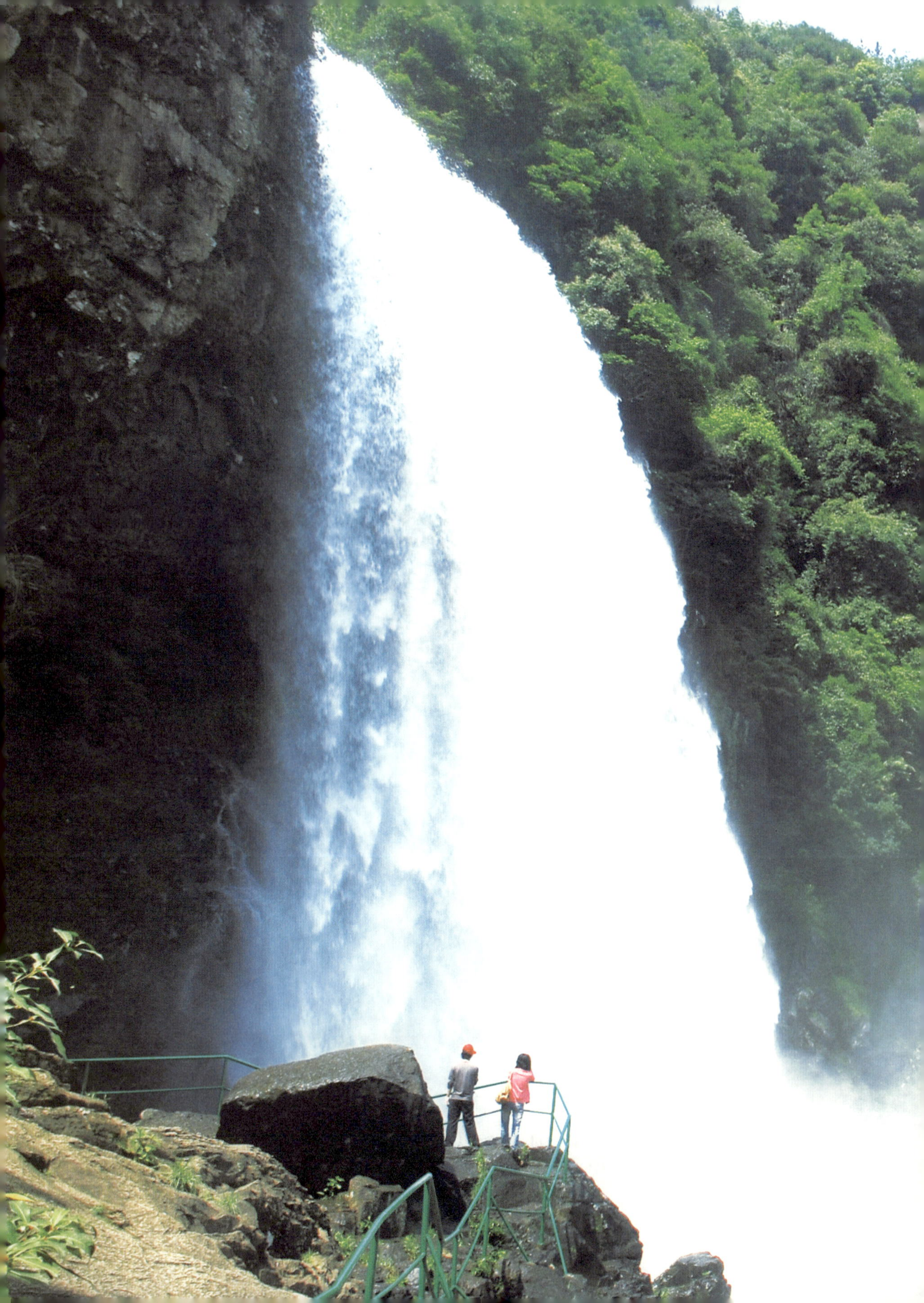

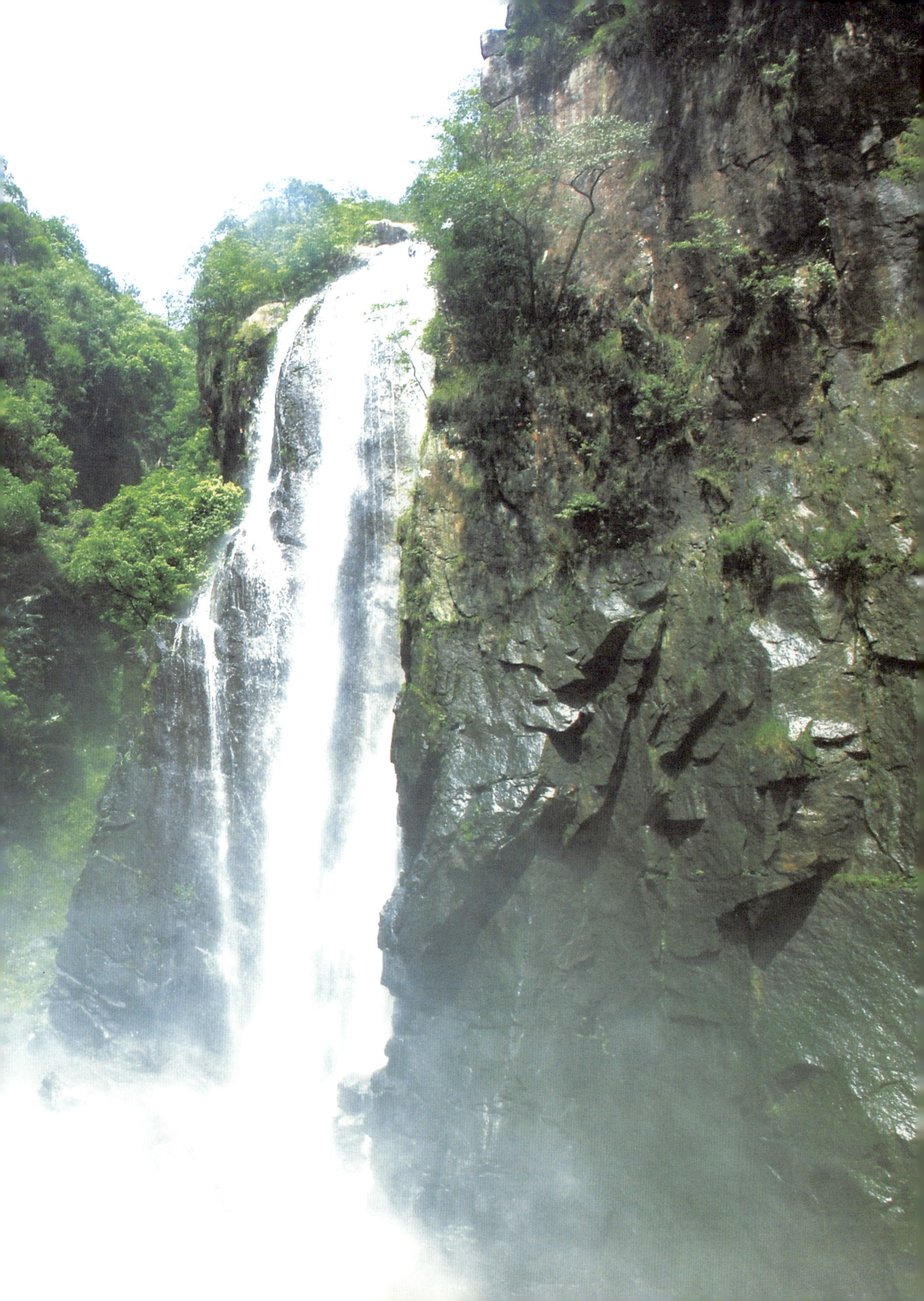

图书在版编目（CIP）数据

中国梦文化之乡：福建仙游九鲤湖 / 连铁杞主编. -- 北京：中国文联出版社，2020.8
ISBN 978-7-5190-4327-8

Ⅰ. ①中… Ⅱ. ①连… Ⅲ. ①民间文化－福建 Ⅳ. ① G127.57

中国版本图书馆CIP数据核字(2020)第138094号

中国梦文化之乡——福建仙游九鲤湖
（Zhongguo Meng Wenhua Zhixiang—Fujian Xianyou Jiulihu）

主　　编：连铁杞	
终 审 人：姚莲瑞	复 审 人：周小丽
责任编辑：王素珍	责任校对：毛帅鹏
封面设计：王熙元	责任印制：陈　晨

出版发行：中国文联出版社
地　　址：北京市朝阳区农展馆南里10号，100125
电　　话：010-85923036（咨询）85923000（编务）85923020（邮购）
传　　真：010-85923000（总编室），010-85923020（发行部）
网　　址：http://www.claplus.cn　　http://www.claplus.cn
E - mail：clap@clapnet.cn　　wangsz@clapnet.cn
印　　刷：北京新华印刷有限公司
装　　订：北京新华印刷有限公司

本书如有破损、缺页、装订错误，请与本社联系调换

开　本：787×1092		1/16	
字　数：226千字		印　张：15.25	
版　次：2020年8月第1版		印　次：2020年8月第1次印刷	
书　号：ISBN 978-7-5190-4327-8			
定　价：88.00元			

版权所有　翻印必究

乡村重建与民间文艺之乡建设

潘鲁生

《中国民间文艺之乡》丛书是我国民间文化遗产抢救工程的重要组成部分，以中国民间文艺家协会命名的遍布全国的"中国民间文艺之乡"和"民间文化传承基地"为基础，忠实记录了我国各地各民族独特的民间文艺，较为形象立体地展示了这些地区的民间文化遗产全貌，以生态性、民间性、地域性为特色反映了我国传统民间文艺的发展态势。书的名称采用"文化之乡名称＋地名"，一乡一卷，各卷独立成册，如《中国天河七夕文化之乡——湖北郧西》《中国民间文艺麒麟之乡——广东樟木头》《中国扑灰年画之乡——山东高密》等，是对各文艺之乡普查性的书写，内容包括文艺之乡基本情况、民间文化遗产、民俗生活等方面的信息，所调查记录和编写的信息翔实而准确。作为中国民间文艺家协会主持的中国民间文化遗产抢救工程的成果之一，丛书是对中国民间文化的一次大规模、系统的、科学的梳理，将为中国丰富的民间文化建立完善翔实的档案资料，具有较高的学术研究价值和社会价值，也是文化工作者、专家、艺术家和普通读者了解中国传统民间文化艺术，了解地方乡土文化的必读书。

《中国民间文艺之乡》丛书的出版在中国民间文化研究领域尚属首次，具有重要意义。近百年来，我国社会历史发展进程中贯穿着对乡村命运的关切，"乡村社会向何处去？如何守护传承乡村文明？"是一个深刻的发展命题。从20世纪30年代的乡村建设思潮，到新世纪以来，中央连续多年以"一号文件"的形式出台政策，一直关注农村问题。近年来国家高度重视农村文化建设，进一步关注决定中国乡村命运的乡村地位问题，从中华民族历史与文化的高度强调乡村是中国文明之根。习近平总书记在2013年7月调研时强调："农村绝不能成为荒芜的农村、留守的农村、记忆中的故园。"2013年12月中央城镇化工作会议提出，中国城镇化要"让居民望得见山、看得见水、记得住乡愁"。在2015年1月指出："新农村建设一定要走符合农村实际的路子，遵循乡村自身发展规律，充分体现农村特点，注意乡土味道，保留乡村风貌，留得住青山绿水，记得住乡愁。"2015年中央一号文件明确提出"传承乡村文明"，在新农村建设中要"创新乡贤文化，弘扬善行义举，以乡情乡愁为纽带吸引和凝聚各方人士支持家乡建设，传承乡村文明"。可以说，乡村是中国五千年文明传承之载体，是中国文化传承与发展之根，乡村文明是中华文明的基础。在经济发展、实现温饱的背景下，中华民族的精神追求与文化传承越来越重要。追本溯源，源头在乡村。乡村是中国人的精神归属、记得住乡愁的家园。中国民间文艺之乡的发展基础在乡村、在社区、在基层，是对民族精神文化家园的守护。

一、增强乡村文化自信

一段时期以来，我们的乡村文明、乡土文化存在不同程度的断裂和瓦解，包括传统村落、民俗民艺、民间传承人等文化资源急剧流失，乡土文化的凝聚力不断减弱，乡村"空心化"问题较为严峻。社会发展需要共有的历史记忆、情感维系、文化寄托和凝聚，无论是城市还是乡村，即使物质上富有，如果精神上匮乏，仍然难以为继。从这个意义上说，重建乡村是一个精神文化工程，重建的是民众心灵的故乡。开展乡村重建，发展民间文艺之乡，也在于从更深层次上续存包括乡愁记忆、民间信仰、礼仪习俗、道德追求在内的精神纽带，增进人文关怀，提升我们民族民间文化复兴发展的内在动力。

我们要充分认识乡村文明的当代价值，增强乡村文化自信，保护好民间文艺传承发展的生态基础。要从全局意义上认识民间文艺之乡建设，在民间文化传承发展的源流与变迁、新型城镇化的必经历史进程、乡村重建与乡土文化生态以及特色文化对地方发展的驱动效应等更加宏观和综合的层面，为民间文艺之乡建设厘清脉络、找准定位。要从最基层、最具体的工作层面，共同研究和分析具体的民间文艺样态在传承保护与发展过程中面临哪些困境和难题，有哪些行之有效的办法，以及怎样把我们的保护和发展理念落实为最具体的措施。要围绕乡村重建，加强民间文艺之乡的认定、建设与发展，要加强地区乡土教育，发掘地方民间文艺特色，编纂民间文艺的"乡土教材"，推进民间文艺进课堂，开展"民间文艺进校园"活动，加强民间文艺知识普及、民间文艺情感培养，增强乡土文化的自觉和自信。

二、激发民间文艺活力

发展民间文艺之乡，还要扎实做好民间文艺的保护与传承，积极创造条件，激发传统民间文艺活力。民间文艺不同于精英文艺，它来自生活，依托于生活，是生活的艺术。伴随我国社会转型和产业重点转移、人口城市化流动、生活方式和价值观变化，传统民间文艺的生活基础在发生改变。比如当传统民艺的集体基础相对弱化时，民间文艺创造的万千生活主体会不同程度地演变为传承坚守的艺人个体，原有的广泛蓬勃的文化基础和即时更新的创造力和感染力等相应受到影响。民间文艺之乡建设因此担负着民间文艺振兴的使命，不能局限于民艺样态本身，要关注民众的日常生活，关注民间文艺最广泛的参与者，关注民间文艺的多元载体，在老百姓"过日子"的过程中实现传承、创造与发展，使民间文艺作为一种情感的、审美的纽带，在礼仪互动、经济往来和节日欢歌中得到维系和传承。

激发民间文艺活力，不仅要保护和扶持相对少数的创作主体和传承人，做好重点保护和示范传习，还要进一步关注广大的接受群体和民间文艺的受众，做好普及宣传和推广，扩大队伍，增进认同。不仅要关注民间文艺本身，还要着力培育载体、厚植土壤，包括年节习俗、人生礼仪等时间载体，以及相关的传统村落、传统民居、庙宇宗祠等文化空间载体，还有与民间文艺发展水乳交融的歌墟集市、手艺劳作、乡戏娱乐等活动事项。比如要充分认识传统生活中节气以及与岁律相合的传统节日作为民间口头文学、民间戏曲、民间歌舞、民间美术、民间工艺等生成土壤的重要意义，进一步还原和培育传统节日里丰富的民间文艺内容，在当下生活空间中进一步充实民间文艺活动。比如有计划地恢复和培育优秀民间礼仪，增强传统文化认同与情感维系，培育民间文艺应用的文化空间，以及深刻认识民间文艺与传统村落、居民、生活的依存关系，推动传统村落保护，促进恢复传统民居营建等，保护民间文艺的丰富性，等等。要着力推动地方特色文艺在农村和城乡社区扎根，开展传习、展演等群众文化活动，并针对不同群体和地方民间文艺样式因地制宜实施传承计划，使普通民众成为传统民间文艺传承的重要基础，使民间文艺成为社会、社区和民众自然、和谐、稳定、有序、良好互动的重要纽带，增强文化认同与凝聚。同时，积极吸收群众创作成果，培育民间文艺繁荣的基础。总之，要扎根生活去研究，关心农村和社区群众，让民间文艺的发展充满生机活力。

三、创新民间文艺发展路径

建设和发展民间文艺之乡，要着力推动民间文艺的创造性转化与创新性发展，积极探索当代生活需求的多元发展路径。1996年，在山东烟台召开的"当代社会变革中的传统工艺之路"研讨会上，发布了《保护传统工艺 发展手工文化》的倡议书，提出"中国手工文化及产业的理想状态应是：一部分继续以传统方式为人民提供生活用品，是大工业生产的补充和补偿；一部分作为文化遗产保存下来，成为认识历史的凭借；一部分蜕变为审美对象，成为精神产品；一部分则接受了现代生产工艺的改造成为依然保持着传统文化的温馨的产品。同时，还要建立适应现代生活的新手工文化"。也是在这期间，1997年我们提出启动民间文化生态保护计划，开展乡村调研采风，出版了《民间文化生态调查》丛书。当前，我们仍然要以科学、客观的态度把握相关民间文化的保护与发展问题。不仅要做源头保护，也要做终端利用；不仅要保护艺人等创造主体，也要激活更广泛的受众认同；要加强民间文艺的原生态、衍生态认定，促进民间文艺多元发展。

　　民间文艺之乡建设尤其要关注以下几个层面：一是对于具有鲜明民族历史文化特色但处于濒危困境的传统民间文艺的传承与活化，要加强文化生态基础研究，制定保护与传承措施，从丰富中华传统民艺存量、续存民艺母本、保持民艺多样性的意义上，促进濒危传统民艺的活化与发展。二是对于与传统民间习俗、民间信仰和新时期的社会主义核心价值观一脉相承、有助于加深民族文化认同、增进民间文化凝聚、有助于丰富人民群众文化生活的传统民间文艺，要从文化建设意义上加以倡导和扶持发展，丰富乡村文化生活，增强民间文化创造力，延续匠心文脉。三是对于发展基础较好、具有较好的传承与生产基础，并有望拓宽发展空间的传统民艺，要进一步丰富题材和品种，提升设计与转化水平，培育知名品牌，提高传统工艺等行业管理水平和市场竞争力，提高从业者收入，提高对城乡创业就业的促进作用，促进传统工艺在当代生活中的广泛应用。不仅要做好"传统工艺振兴"的大课题，同时也要关注移动互联网和大数据为核心的现代数字信息技术的迅猛发展，"移动互联网+社交+大数据"以全新的支撑平台和传播渠道重建大众日常生活方式，重构文化的多元化发展格局，"互联网+"打通了生产价值链和消费价值链，成为相关文化创意产业发展的内生动力。民间文艺要与内容产业有效对接，民间工艺等要关注文化创意产业发展，在适应当代生活中寻求新的发展生机。

总之，乡村重建与民间文艺之乡发展是历史潮流中的自觉之举，是对民间文化使命的担当。我们要以更宽广的文化视野、更坚定的文化自信、更包容开放的胸襟投入到这项事业中来，共同守护民族的文化乡土，用民间文艺的纽带增进认同、涵养心灵，实现民族文化创造力的复兴。

在《中国民间文艺之乡》丛书付梓之际，是以记之。

丁酉小满，于泉城

目 录 >>>

序：有梦的家乡	001
前　言	001
第一章　"梦文化之乡"的社会生态	**001**
第一节　自然地理	002
第二节　历史沿革	010
第三节　经济状况	015
第二章　"梦文化之乡"的文化传统	**029**
第一节　"梦文化之乡"的文化内涵	030
第二节　"梦文化之乡"的生活文化	049
第三章　"梦文化之乡"的表现形式及传承	**075**
第一节　梦文化的民俗活动	076
第二节　梦文化的传承发展	078
第三节　梦文化的文艺形式	095
第四章　梦文化与何氏九仙	**129**
第一节　何氏九仙	130
第二节　何氏九仙与仙游祈梦仪式	139
第三节　梦文化与仙游九仙讲述传统	143

第五章　梦文化与龙江文化　　151
第一节　九鲤仙梦与龙江道学　　152
第二节　九鲤仙梦与三教人物　　160
第三节　三教科仪与《九仙经》　　165

第六章　梦文化与道教文化　　171
第一节　道教与九鲤仙梦　　172
第二节　仙游道士与何氏九仙　　178
第三节　仙游隐士与何氏九仙　　182

第七章　"梦文化之乡"的规划与建设　　189
第一节　"梦文化之乡"的发展规划　　190
第二节　"梦文化之乡"的保护现状　　195
第三节　"梦文化之乡"的建设　　208
第四节　"梦文化之乡"的发展前景　　213

后　记　　221

化，历经了多少代人的传承，如今成为了一种拂逆不去的文化符号，也承载了许许多多的历史内容。然而，如同其他历史文化一样，九鲤湖的梦文化也是要远行的。它的每一次远行，几乎都向着它的古老家园和历史记忆的再度返回。所以，仙游县对九鲤湖梦文化所做的宣传和重塑，意味着九鲤湖梦文化格局的重新确立和重新定位，是对仙游历史文化记忆的复活，体现了一种文化意识的觉醒，一种文化良心的觉醒，一种文化记忆的觉醒。对于每一位关注仙游历史和九鲤湖梦文化的人来说，九鲤湖的独特魅力决不是我们这几代人能够消费得了的，它为我们留下了一座无可泯灭的梦文化的记忆，我们也将把这种文化记忆留给后人。

历史对我们的设计，有许多并不是留在历史学家的著作中，而是留在我们的记忆里。文化的兴亡，从来都是从唤醒或毁灭记忆开始的。唤醒一种记忆，也就唤醒了一种文化；而毁灭一种记忆，也就毁灭了一种文化。法国作家雨果在1835年写了《向拆房子者宣战》，当时他看到一座钟楼被拆，感到非常愤怒，认为这是把城市的记忆给拆除了。法国为什么对城市文化、对文化建筑保护得那么好？因为有一大批具有前瞻性的知识分子。这一群体所具有的历史眼光，使得他们不仅站在现在看过去，而且站在过去看现在。仙游的一些有识之士，对于九鲤湖梦文化的憧憬，同样是在复活一段有生命和有记忆的历史存在。这种存在无疑是恒久的。

在九鲤湖，我不知不觉地掉进了一个古风蕴藉、文气沛然的深潭，说不清这水的摩挲是不是已经浸润着一种人与美的奇异的造化，也说不清古人常说的"古池好水"是不是在这里留下一脉遗音残响。水汽冉冉，梦境依旧，我感到中国历史文化的一种情怀，仿佛就在这里裸裎。我想唯有在这里，唯有在这个时刻，人的梦境和情思，才会从混沌未凿中抽出，重新凝入心底，并蔚成一种超拔的生命方圆。假如生命也是这样的一座湖泊或者一座梦境，我们该在那里留下一脉怎样的精神气息？

那么，就让许多对九鲤湖梦文化感兴趣的人，与它相遇吧。

2019.4.23

（杨健民，福建仙游人，享受国务院政府特殊津贴专家，中国作家协会会员，福建省美学学会会长，被福建省委、省政府授予首届"福建省文化名家""福建省优秀人才"称号。现任东南学术杂志社执行总编辑、二级研究员。）

前　言

连铁杞

仙游地处福建东南沿海中部，其地理位置独特，人文历史悠久，置县千余年来，衣冠人物辈出，魁彦迭现，故有"海滨邹鲁""文献名邦"之誉。近年来，仙游相继获得了全国"田径之乡""武术之乡""戏剧之乡""中国古典工艺家具之都"等荣誉称号。特别是2009年，我县又因境内拥有千年祈梦文化而大放异彩，遂有"中国梦文化之乡"光荣称号，这不仅是对九鲤湖祈梦文化的一种肯定，而且也是对仙游深厚人文底蕴的一种推扬与鼓励。须知，仙游本名清源县，后因郡县同名不便，遂依境内有何氏九兄弟跨鲤升天，并擅仙梦济世之故，改名仙游。

无须讳言，我国祈梦文化源远流长，早在殷商之时，就已盛行，且为神圣之事，散见于甲骨文上。后来，周人灭殷，但仍重视占梦之举，并设置太卜之官，管占梦之事，这也是"周公解梦"影响至今的原因所在。到了春秋战国时期，随着周天子地位日益下降，天命神授的权威逐渐式微，以致出现了"礼崩乐坏"。这时，曾经作为职业的占梦官就被史官、巫神等占梦者所代替，从而呈现出占梦世俗化的趋势。两汉时期，由于梦本身的神秘性尚未被揭示，而汉代又是一个思想驳杂的时代，谶纬神学流行，以至于这个时代虽无占梦之官，但民间占梦活动仍然昌炽，诸如祈求吉梦、禳除恶梦等活动比较普遍，这便是仙游九鲤湖祈梦文化的活水源头。

据史书记载：何氏九仙祖籍庐江，生于豫章，自汉元狩年间迁居九鲤湖，后跨鲤升天，竟能赐梦决人休咎。到了唐代，贞元十八年（802）进士、莆田人许稷曾作《咏九鲤湖》一诗，其诗曰："道是烧丹地，依然云水居。山空人去后，梦醒客来初。"这是目前能找到关于九鲤湖祈梦习俗见诸记载的最早文字。此后，九鲤湖祈梦成风，成书于南宋宝祐五年（1257）的《仙溪志》也记载其事："神主科名尤灵。诏岁，兴、福、漳、泉士大夫斋戒诣祠下，丐梦不绝。"到了明代，邑人郑纪在《仙梦辩》中称："由莆而闽，而天下，靡不闻风而翘想之；士大夫游宦兹土，莫不函疏叩关而至。"其祈梦之盛，可见一斑。其中，较为著名的祈梦学子有林环（状元）、唐伯虎（解元，苏州吴县人）、戴大宾（探花，神童）、林龙江（秀才）、舒芬（状元，江西人）等。因此，仅万历年间，竟先后编出三部《九鲤湖志》以纪其盛，洵属殊荣。

其实，九鲤湖不单以仙梦独擅，此地山川风物亦称一绝。早在宋代，著名的豪放派诗人、词人、诗论家刘克庄就曾作诗赞曰："凡是龙居处，皆难敌此泉。下穷源至海，上有穴通天。小派犹成瀑，低峰亦起烟。莫疑乘鲤事，能住即能仙。"后来，明代著名的旅行家徐霞客慕名而来，亲眼见证九鲤飞瀑之雄壮，遂有"鲤湖飞瀑天下奇"之盛赞，并称："即匡庐三叠，雁宕龙湫，各以一长擅胜，未若此山微体皆具也。"由是，他将九鲤湖与武夷山、玉华洞并列为"福建三绝"，使之名声大噪，天下闻名。不久，邑人又将它与菜溪岩、麦斜岩、天马山并称为"仙游四大景"，令其一跃而成美丽仙游的名片之一。

可惜，明清迭代后，特别是清末国家遭遇"三千年来未有之变局"，而仙游地方经济亦随之艰难。辛亥革命后，据《九鲤湖志》记载："鲤湖瀑布为全省四大水力之一，经建设专家履勘者，肩相摩踵相接。利用水力可转为电力建设，利用电力可开发农业、工业诸项建设，而本区农田水利之共修及近地失业游民之拯救，均为此大时代中当务之急，亦即吾建设新仙游计划中所视为重要之一部。"可是，国事维艰，这项计划自然流产。当人民翻身做主之后，九鲤湖水电站（后更名为榜头水电站）遂于1967年被列为仙游县基建项目，1970年1

月1日动工，几经周折，1980年7月20日建成投产。只是，九鲤湖水电站固然收得水利之功，但客观上损害了景区环境，实为得不偿失。

2000年11月21日，时任福建省长到九鲤湖参观后，特别指出，要保护好九鲤湖环境，开发九鲤湖祈梦文化。于是，全县上下群情激奋，开始保护九鲤湖环境并着重开发九鲤湖祈梦文化。两年后，九鲤湖被水利部授予"水利风景区"荣誉称号。2005年，为了彻底解决瀑布水源问题，我县实施"还水于瀑工程"，当即收到显著的旅游效益。2009年，时任中国文联副书记、副主席李牧，中国文联副主席、中国民间文艺家协会主席冯骥才，中国民间文艺家协会理事会136位理事及专家学者在九鲤湖授予仙游"中国梦文化之乡"称号，这是千年古县新的光荣，也是九鲤湖祈梦文化史上的一大盛事。与此同时，中国梦文化研究中心正式挂牌成立，时任仙游县文联主席连铁杞兼任中心主任。此后，九鲤湖以其祈梦文化和壮美风景被推上仙游县建设临港工贸旅游城市的显著战略地位。后来，莆田市推出《莆田市文化发展战略规划（2011—2020）》时，便做出了"海上有妈祖，山上有九仙"的宏大规划，这无疑进一步推动了九鲤湖（包括祈梦文化在内）的巨大发展。

当前，我县高举习近平新时代中国特色社会主义思想伟大旗帜，深入扎实做好学习宣传贯彻党的十九大精神各项工作，不忘初心、牢记使命、守望相助、团结奋斗，全县上下积极作为，奋力谱写建设亮丽仙游新篇章。当此之际，回顾九鲤湖两千余年的发展历程，其间有高潮，也有曲折，但自2000年以来，九鲤湖发展迎来新的历史机遇，洵属可喜可贺，可思而可鉴也。以是之故，特书而序之。

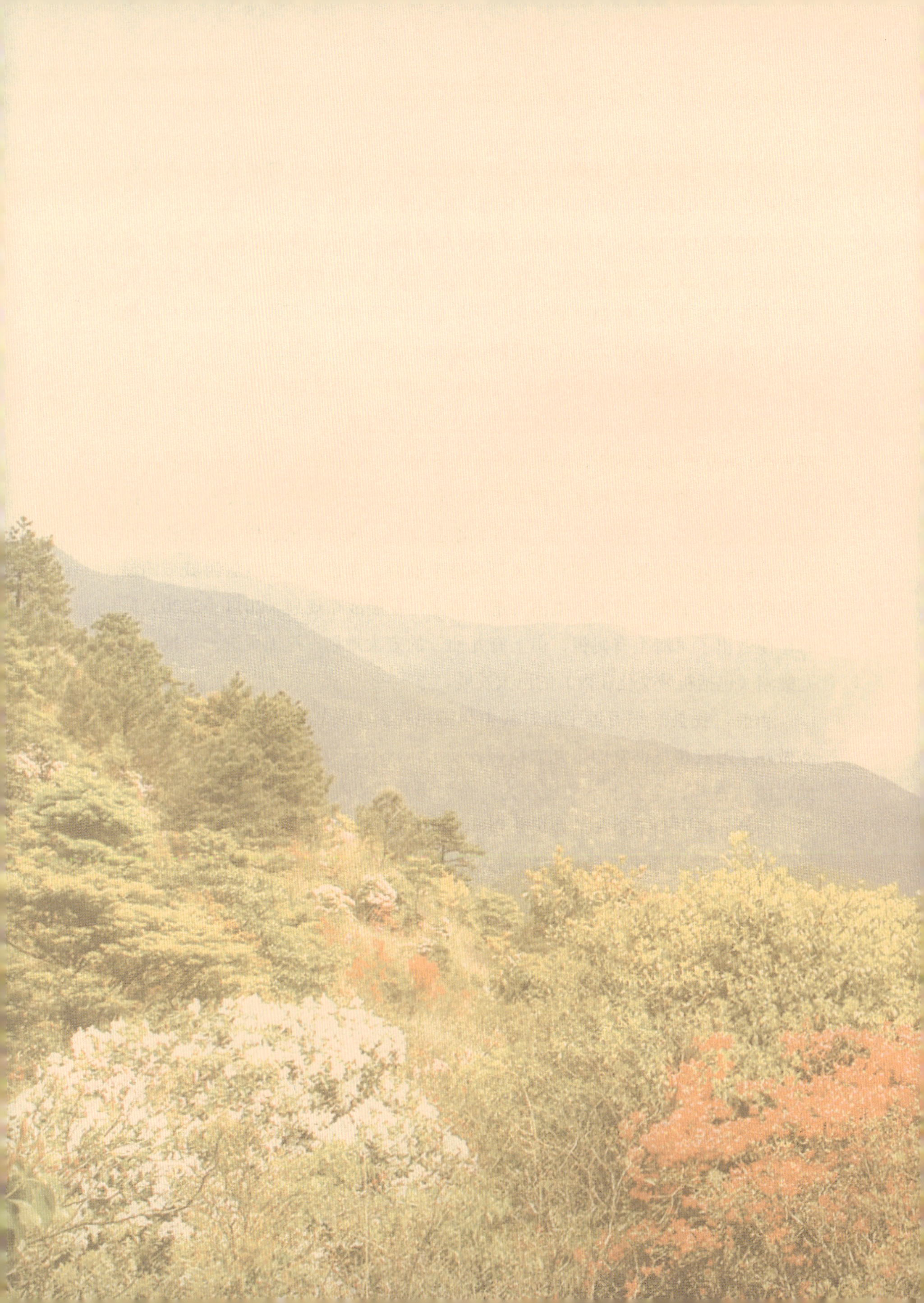

第一章

「梦文化之乡」的社会生态

仙游县地处福建东南沿海中部，历属清源军、平海军、泉州府、兴化军、兴安州、兴化府。中华人民共和国成立后，历属第五行政督察专员公署、晋江专区、晋江地区、闽侯专区、莆田地区、莆田市。全县辖1个街道办事处、17个乡镇、6个管委会、325个村（居）委会、4748个村（居）民小组，居民286118户117万多人，汉族占总人口的98.54%。

第一节 自然地理

仙游县位于福建东南沿海中部，东经118°27′—118°56′，北纬25°11′—25°43′，县域东西宽49千米，南北长63.4千米，县境东临莆田，西接永春、德化，南连惠安、南安、泉州鲤城区、泉港区，北界永泰，东南濒临湄洲湾，挨天然良港秀屿港，靠肖厝港口，与宝岛台湾隔海相望，海岸线长8千米。区域总

面积1835平方千米，境内分布"七山一水二分田"，其中耕地42.6万亩、园地12.2万亩、林地177.7万亩、草地4.5万亩、滩涂面积3085亩。

仙游地理位置独特，资源物产丰富。西北多高山峻岭，东南多丘陵。凤山石谷解海拔1803.3米，为境内最高峰。东南多为丘陵，盆地和平原相间，地势平坦，沿海海拔最低为枫亭海滨村。东西为木兰溪河谷平原，俗称"东西乡"，还有枫江、瑞溪流域平原，土地肥沃，为稻谷、麦类和果蔬的重要种植区。大蜚山为县境东西的中心，也是县城的北面屏障。木兰溪为仙游第一大河流，自西向东流入兴化湾。此外，延寿溪、枫慈溪、粗溪和九溪亦是县境内的主要河流，流域面积2315平方千米，水力资源蕴藏量26万千瓦。

仙游属南亚热带海洋性季风气候，四季分明，年均气温20.6℃，仙游古来为闽中富庶之地。山地多杉、松、竹林及亚热带杂木种类；田地宜栽种水稻、

县城新貌

森林

竹林

凤山春色

水稻

龙华茶场

小麦、甘蔗、甘薯、大豆、花生等作物。曾是闽中甘蔗生产主要县，有千余年的蔗糖生产历史，是中国闻名的蔗糖之乡。水果主要有龙眼、荔枝、枇杷、柑橘、文旦柚、香蕉、柿子等。龙眼干品有甲天下之誉；文旦柚风味特佳，果肉汁味甜，无籽，被誉为"度尾蜜柚"。茶品有乌龙、佛手、色种等，特产九条茶，元代即为日本僧俗茶道佳茗。食用菌生产历史悠久，多培植蘑菇、香菇、草菇、竹荪、金针菇、白木耳、猴头菇、杏鲍菇等。

　　游洋的李子、陈蘡柿、台湾甜柿，榜头云庄的栗子、蜜枣，昆仑的橄榄，南溪的芒果，度尾的柑橘，龙华的金沙薏米，赖店的槟榔芋，溪埔西瓜，枫亭的香菇豆，郊尾宝坑番石榴，凤山猕猴桃，菜溪的苦笋，书峰的枇杷，大济的米粉、皮蛋，园庄线面等地方特产，有口皆碑。县境北部多山，生物资源种类繁多，是天然的动植物博物馆。

　　境内有鲤南双林温泉、榜头南溪天柱温泉、度尾埔尾岭尾温泉、石苍粗

枇杷

文旦柚

溪温泉4处地热资源。其中，双林温泉位于鲤南镇温泉村，村因泉得名。双林温泉在双林寺右，甃石为池，方广丈许，深五六尺，亭覆其上，明正统间知县肖宏鲁建，隆庆间知县关玉成葺之，仙客骚人多会于此。郡守王弼诗：双林攀灵秀，气若烘炉然；阳精含钟物，融液成温泉。我来效沂浴，值兹春景妍；缅想点也乐，一日同千年。外浴百体净，内浴心垢捐。世人浴身不浴心，点也之乐何由传。天柱温泉位于榜头镇后南溪村的天柱岩前，背靠塔山（又名高望山），面对卧龙岗。据传，汤池始建于唐代，后屡经重修、扩建，汤池附近的一块大岩石铭文载曰："创（天柱庵）庵之明年，重建汤池，施财者乃折桂里张福进也。"落款为元至元十七年（1280）。清乾隆二十八年（1763）僧怀羲重建西廊。1976年秋，南溪村群众集资修葺，现已成为休闲、旅游胜地。岭尾温泉，位于明尚书郑纪故里度尾镇埔尾村，始建年代未详。粗溪温泉，亦称"济川温泉""徐溪汤泉"，旧志称："在旧兴化县大溪（今石苍乡济川景

九鲤湖飞瀑

凤山风光

区）蟠石中，有二三穴如井，井之泉出如汤，旁有汤泉精舍。""怪石峥嵘疑虎伏，温泉涧滑似脂柔"，可见先人早已发掘并享用。此四处温泉水质纯净，细腻柔滑，水中富含多种矿物质。

仙游旅游资源丰富。仙游依山濒海，风光旖旎，古迹众多，名胜荟萃，主要旅游景点有飞瀑天下奇的九鲤湖，此处亦是中国梦都之一，有菜溪幽壑、小武夷麦斜岩。入国家保护的景区有枫亭天中万寿塔、仙游文庙和凤山无尘塔、天梯险峻的榜头天马山、高山戏水胜地凤山仙水洋、春翠秋红的大蜚山、九霄云海观日出的凤山石谷解、南少林遗址十八股头和南少林发祥地、唐代闽中最大禅林宝刹九座寺。此外，有仙门洞、三会寺、会元寺、圆通寺、龙华双塔、东门"乐善好施"石坊、蔡襄墓、南门宋代古石桥、塔山望夫石、何岭古道、出米岩、九龙岩、灵山寺、玉塔等名胜古迹，省重点水利水电工程九仙溪梯级水电工程和金钟水库、西苑抽水蓄能电站已成为旅游胜地。仙游是"中国生态旅游大县""中国梦文化之乡""福建省十大空中最美家园"之一、"福建省十个新兴旅游县"之一。

第二节　历史沿革

　　仙游地处福建东南沿海，背倚戴云山脉，面向台湾海峡，木兰溪流经境内。远古时代，这里气候温暖，雨量充沛，丘陵地上森林茂盛，栖息着各种各样的动物；港湾和溪流中，有着丰富的水产资源。优越的自然条件，适宜人类繁衍生息。1976年1月，园庄乡土楼村民在溪尾山开山造田时，发现了石锛、石戈和饰有刻划纹、网纹、方格纹的软陶壶、陶罐等20多件，这些陶器是随着农业生产而出现的，具有新石器时代的突出特点。后来，经考古专家挖掘考证，该遗址散布范围约有5500平方米，与闽侯县甘蔗镇"昙石山文化"遗址相类似，这从侧面反映了仙游原始社会生产力与当时福州乃至整个福建的发展水平基本一致。

　　此后，大济钟峰、蜚乌寨遗址、榜头观音山遗址、钟山土城埔遗址、游洋吴仓遗址、龙华宝幢山遗址等，接连被发现。这些遗址挖掘出多件陶器，以几何印纹硬陶为主，还有少量的陶纹纺轮和原始瓷片等，其中以榜头观音山遗址最具特色。该遗址位于榜头镇后坂村与圆通寺之间的山坡上，于1987年被挖掘发现。当年，考古专家从这里发现了40厘米厚的地层堆积，地层内含有零星炭粒，并采集到陶纹纺轮和原始瓷片等。

　　在仙游境内还未发现青铜器被普遍运用于农业，但已发现有大量石器应用于农业生产和渔猎生活。至少在钟山镇麦斜岩顶峰，有一座被称为"占星石"的巨崖，面平如砥，大抵可坐百余人，石面上有许多古篆文，犹如龙蛇

枫亭游灯

纠缠，自古至今，无人能辨认出来。以是之故，人们将其称为"仙篆"。清代光绪年间，邑人王伯秀曾作一首《登石所山观石上古篆》，曰：

鲤湖春水散烟雨，中藏琼楼与玉宇。我观鲤湖最佳绝，难与石所争奇石。
樵谷山前山盘纡，山中怪石立门户。人行石上声冬冬，客到麦斜日初午。
危峰叠嶂皆石积，不见尺地与寸土。试登绝顶手摩天，八壶三山近指数。
占星石上苍苔生，樵谷先生读书苦。丹崖古篆百余字，奇奇怪怪同石鼓。
韩公苏公生已遥，谁把新诗纪视缕。仙谷山水自清幽，何必寻幽到岣嵝。

麦斜岩石所山上的古篆，与福建省内的华安县汰内溪、光泽县昂山、南平市萧坑、永定区大埠坑、明溪县黄杨岩、永泰县罗汉寺、福州市魁岐等处的古篆刻属于同一类型，均为我国至今尚未完全解开的古文字之谜。不过，据专家推测，麦斜岩石所山上的古篆应该是古代七闽先民的图形文字，大抵闽族人也懂得冶铸技术，这才能够在坚硬的石崖上刻字留痕。

仙游在西周时期，属七闽之地。春秋战国时期，属越国地。大约在战国中期（公元前334），越王勾践六世孙无疆被楚威王打败，越国瓦解，越王族及居住在越国周围的其他越族人，也因为诸侯国之间的剧烈斗争而纷纷移居福建境内避乱。他们带来了中原和吴越文化，同原有的土著闽族人融合，这就是"闽越族"的由来。自无疆七传至无诸，无诸自立为闽越王，成为闽越族的首领，他在福州北郊新店修筑土城，逐步实施对福建的统治，仙游一带也被纳入其势力范围。

秦时，属闽中郡。秦始皇二十六年（公元前221），秦统一六国，遂向福建进军。翌年，在闽越人活动的区域设置闽中郡。当时，秦王朝认为闽中远离中原，是"荒服之国"，地处偏远，山高路险，而且闽越人强悍，难于统治。因此，闽中郡虽为秦国所设置郡之一，建制却不同，未派守尉令长到闽中来，只是废去闽越王的王位，改用"君长"名号，让其继续统治。

西汉高祖五年（公元前202），封勾践后裔无诸为闽越王，领闽中地，仙游为其属地。武帝建元六年（公元前135），仙游地属东越。元封元年（公元前110），仙游地属会稽郡。昭帝始元二年（公元前85），设置冶县，县治在今福州市，隶会稽郡，仙游地属之。顺帝永和六年（141），在冶县故地增设南部都尉，仙游地属之。东汉献帝建安初年，在南部都尉下设侯官、南平、汉兴、建安、建平五县，仙游地属侯官县。

三国时期，仙游地属吴国。景帝永安三年（260），撤南部都尉，改置建安郡，郡治在建安（即今建瓯市），领东安、邵武、侯官等县，仙游地属侯官县。

西晋太康三年（282），析建安郡为建安、晋安二郡，仙游地属晋安郡侯官县。元康元年（291），从荆、扬两州分出十郡，设江州，仙游地属江州晋安郡晋安县。

南朝时，宋至齐，仙游地属江州晋安郡晋安县。梁天监元年（502），析晋安郡，置南安郡，仙游地属江州南安郡。梁普通六年（525），扬州分出五郡，设东扬州，仙游地属东扬州南安郡。陈永定元年（557），升晋安郡为闽州，州治在今福州，领晋安、建安、南安三郡，仙游地属闽州南安郡。陈光大元年（567），改闽州为丰州，州治仍在今福州，仙游地属丰州南安郡。陈光大二年（568），析南安郡东部地置莆田县，县治在延陵里，仙游地属之。不久，撤销莆田县，地还属南安郡，仙游地亦属之。

隋开皇九年（589），改丰州为泉州，州治仍在今福州，复置莆田县，仙游地属莆田县。开皇十年（590），改泉州为闽州。大业三年（607），改闽州为建安郡，领闽县、建安、南安、尤溪四县，撤销莆田县，其地还归南安县，仙游亦属之。

唐武德五年（622），平定闽中地，析南安县而置丰州（即今泉州），复属莆田县，其地属丰州，仙游属莆田县。圣历二年（699），改丰州为武荣州，州治在今泉州。析莆田县西部地置清源县（即今仙游县），时莆田、清源两县同属武荣州。当时，清源县被核定为中县。景云二年（711），改武荣州为泉州，清源县属之。天宝元年（742），改泉州为清源郡，清源县属之。然因郡县同名不便，故改清源县为仙游县，其地仍属清源郡。这时，仙游县名由来有两种说法，一是因九仙的传说故事在域内称著而得名；二是因县西有仙游山而得名。

后唐长兴四年（933），王审知次子延钧在福州称帝，国号闽，仙游县属之。五代闽永隆五年（943），延钧之弟延政在建州称帝，国号殷，仙游县属之。南唐灭闽后，泉州、漳州先后在留从效、陈洪进割据之下，仙游县属泉州。

后汉乾祐二年（949），泉州改称清源军，仙游县属之。

宋乾德二年（964），改清源军为平海军，仙游县属之。太平兴国四年（979），析莆田、仙游、永泰、福清四县所辖13里，置兴化县，县治在今游洋镇。同时，建太平军以领兴化县，军治在兴化县内。其时，仙游县仍属平海军。太平兴国五年（980），改太平军为兴化军，又以莆田、仙游、福清三县隶兴化军。不久，福清县又被划归福州。太平兴国八年（983），迁兴化军治所到莆田县，仍辖莆田、仙游、兴化三县。景炎二年（1277），升兴化军为兴安州，仙游县隶属兴安州。同年十月，元军占领兴安州，遂于次年改兴安州为兴化路，仙游县属之。

元至元十六年（1279），兴化路隶福建行中书省，仙游县仍隶属兴化路。至正二十年（1360），置兴化路分省，仙游县属之。

明洪武二年（1369），改兴化路为兴化府，仙游县属兴化府。正统十三年（1448），撤销兴化县，并寻阳、兴建、福兴、来苏四里入兴泰里，归属仙游县。此后，仙游县的县域面积没有大幅变化。

清仍明制，直至宣统三年（1911），仙游县仍属兴化府。

民国元年（1912），中华民国政府宣布废府、州，福建省实行省、道、县三级地方政制。全省划为东路、西路、南路、北路等四道，仙游县隶南路道。

民国三年（1914），东、西、南、北四道分别改为闽海、汀漳、厦门、建安四道，仙游县隶厦门道。

民国十六年（1927），废除道建置，仙游县直属福建省政府管辖。

民国二十二年（1933）11月20日，发生"闽变"，国民革命军第十九路军在福建成立中华共和国人民革命政府（史称"福建人民政府"）。12月11日，福建人民政府第一次中委会决议，将福建划为闽海、闽上、泉海、龙漳等四省和福州、厦门两个特别市。同月13日，第十二次中委会改原划四省名称为闽海、延建、兴泉、龙汀等四省。仙游县隶属兴泉省。次年1月，"闽变"失败，仙游县还属福建省。

民国二十三年（1934）7月，省以下实行行政督察专员制度，设置行政督察专员公署，为省政府的辅助机关。福建省划为10个行政督察区，仙游县属第四行政督察区，专署驻今仙游鲤城。

民国二十四年（1935）10月，全省督察区缩编为7个，仙游县仍属第四行政督察区，专署驻同安县。

民国二十九年（1940）8月，在德化、永春、仙游、永泰等四县边境设立凤顶特种区。同年10月裁撤，归还原县管辖。

民国三十五年至三十八年（1946—1949），仙游县仍属第四督察区，专署驻晋江。

1949年8月25日，仙德游击大队奉命进驻仙游县城，至此，仙游县解放。解放后的仙游县，隶属福建省第五行政督察专员公署，专署驻泉州。

1950年4月1日，第五专署改称福建省泉州行政督察专员公署。9月16日，改福建省泉州行政督察专员公署为福建省人民政府晋江专员公署，仙游县属其管辖。

1955年3月17日，福建省人民政府晋江专员公署改称为福建省晋江专员公署，仙游县仍属其管辖。

1967年6月30日，成立晋江专区军事管制委员会，取代专署行使对全区领导职权。

1968年9月23日，成立福建省晋江专区革命委员会，仙游县属之。

1970年7月，福建省革命委员会决定，闽侯专区革委会机关迁入莆田县。划出晋江专区的莆田、仙游两县，同原闽侯专区的福清、永泰、闽侯、闽清、长乐、平潭等六县，成立莆田地区革命委员会（驻莆田荔城），仙游县属其管辖。

1971年7月，改闽侯专区革命委员会为莆田地区革命委员会，仙游县属其管辖。

1979年1月，莆田地区革命委员会改称莆田地区行政公署，仙游县属之。

1983年5月，撤销莆田地区行政公署，析原莆田地区的福清、永泰、闽清、长乐、平潭等五县归福州市管辖。同年9月9日，划出莆田、仙游两县和城厢、涵江两区成立莆田市人民政府（驻莆田荔城），仙游县属莆田市。

第三节　　经济状况

　　仙游县背山靠海，是临港工贸旅游城市。仙游县经济发展战略从"农业稳县、工业富县、项目兴县"到"依港兴县、产业强县、生态立县"逐步发展提升，紧紧围绕"跨越发展、富民强县"的发展目标，迎难而上，奋力攻坚，一步一个脚印，逐步推动仙游县经济和社会事业的发展。

　　强化农业基础地位，实行农业综合开发。20世纪80年代，仙游县仍以农业为本。1990年，粮食总产19.3万吨，被评为全国粮食生产先进单位，被国务院嘉奖。1992年，粮食生产再上新台阶，粮食总产20.5万吨，单产总产均创历史最高水平。甘蔗种植面积最高年份达8.7万公顷，农业总产值7.3亿元，是1949年的15.9倍。1994年后，农业基础地位明显加强，农业产业化进程加快，粮食生产连续5年丰收。1998年，粮食产量达23.9万吨。1999年，全县粮食品种结构得到优

甜柿

中国民间文艺之乡

仙游龙眼

化，优质稻生产被列为全省唯一的全国示范县。2000年，农业不断向优质高效发展，粮食品种推广率达96%，名特优农产品有效发展，农业对外合作成效明显，引进外资企业在仙游投资开发农业项目。2002年经济作物总产量38万吨，全县水果总面积17.3万公顷，草山草坡示范工程通过国家验收。农业产业化进程加快，至2004年，粮油比例由78:22调整为64:36，巴西菇产量居国内首位，创省级名牌6个，获国家绿化标志使用权2

皮蛋

个。2007年，茶果、食用菌等八大农业生产基础建设发展迅速，林浆纸一体化原料林基地和珍贵用材林基地建设顺利推进，台湾农民创业园列入海峡西岸（福建）农业合作试验区发展规划，入园企业不断增加，开发山地1.5万亩，新增省市农业龙头企业8家，省级名牌农产品4个。2009年5月，仙游台湾农民创业园被批准为国家级台湾农民创业园。2012年，现代农业加快发展，发展设施农业1.2万亩，新增绿色农产品10个，省级农业龙头企业5家，仙游县被列为国家级现代农业示范区。2018年，意达科技股份有限公司在新三板挂牌上市。台湾农民创业园发展建设综合考评荣获全国"优秀"等次。"仙游甜柿"获批国家地理标志集体商标。省级农民创业园项目建设考评居全省第一。

香菇

注重项目建设，工业经济比重渐增。20世纪80年代，仙游县工业逐渐发展。1990年后，进一步深化改革，转换经营机制，特别是无刷电机业突破性的发展，为仙游工业注入新的活力。1992年，全县工业企业7118家（含乡镇工业企业），总产值119832万元，是1949年的80倍，且工业产品门类增多，质量提高。1994年后，工业持续稳定增长，食品、鞋革服装、工艺美术等支柱产业初步形成，非公有制

薏米

中国民间文艺之乡

工业日渐成为经济增长的主体，全县有工业年产品销售收入在500万元以上的非国有企业61家，创省级名牌产品3个。1998年，九仙溪一级、三级电站，城南新区、枫亭工业园区建设取得重大成就。1999年，东亚钢质活塞环产品创省级名牌，电机总厂被列入省86家经济结构调整优化重点企业之一，成为仙游县首家通过国际质量标准体系认证的企业。2002年，新增规模以上工业企业11家，全县规模以上工业总产值21.5亿元。2005年，21家企业列为省级新经济增长项目，金威世家、云敦至尊荣获中国驰名商标，仙游县获"中国古典工艺家具之都"称号，成为全国古典家具三大生产基地之一。2005年，全县规模以上企业108家，完成产值43.11亿元，占工业总产值的67.2%。

2006年，仙游经济开发区被国家发改委确认为省级经济开发区，完成投资12.8亿元，累计入区企业106家。2008年，为加快对接融入海西经济区和湄洲湾港口城市，县委、县政府提出建设"两区五园"发展战略。2009年，新增规模以上工业企业37家，212家规模以上工业企业完成产值118亿元，增长17.2%。"两区"分别新增竣工投产项目22个和15个，石化、工艺、循环经济、建材等产业园全面启动，循环经济示范园区列入省级循环经济试点园区。2012年，工业经济质量提升，新增规模以上工业企业18家，总数达208家。新增产值超亿元

中国古典工艺博览城

企业21家。新创省级名牌产品31项，著名商标9件，企业知名字号3个。新建省级院士专家工作站2个，省级企业技术中心1个。2018年，项目攻坚更加有力，全年策划项目94个，总投资672亿元。

国际油画城

交通建设发展迅速。20世纪50年代末，仙游县城至游洋、永春的公路建成，打通了县境东北和西北部的通道，改变了交通闭塞的局面。1983年后，枫亭港开发建设，百吨货轮可直接停靠装卸。至1992年，全县有公路74条，形成交通网络，乡乡通汽车，通车里程605.37千米。公路交通由制约型转变为适度超前型，相继完成福厦路、三郊路仙游路段拓宽改造，新建濑榜路、枫秀路，建设福泉高速公路仙游段。1993—2003年，改造农村公路299千米，实现县道水泥化、沥青化和村村通公路。至2005年，新增县道8条，新增里程128.74千米。全县有乡道50条，通乡率达100%，村道通村率100%。2006年，村道硬化由2003年的23.5%提高到92.6%。2008年，仙港大道列入全省重要交通路网规划，路基工程基本完成，2009年完成部分沥青路面铺设。环山区公路、县城南一环路、北一环路基本建成通车。2008年元旦，仙游新汽车站正式投入营运，开创仙游交通运输事业新局面。2008年向莆铁路仙游段正式开工建设。2009年底，福厦高速铁路仙游段正式建成通车。2009年，莆永高速仙游段正式动工建设，福泉高速公路仙游段扩建工程顺利推进。莆永高速仙游段2012年11月通车，湄渝高速仙游段于2012年底动工，沈海复线高速仙游段2013年底通车，全县共设有7个高速公路互通口。仙度路拓宽、路面改造于2013年1月完成并全线通车。福厦铁路仙游客运站

2013年5月开工。仙游拥有海岸线8公里，已建成500吨级和300吨级的码头各一座，正在规划建设枫亭3000吨级干散货码头1座。

  2018年，境内交通便捷，路网密集，已建成高速铁路1条（福厦高速铁路）、高速公路4条（沈海高速公路、莆永高速公路、沈海复线高速公路、湄渝高速公路）、国省道3条（324国道、福建滨海大道、省道306线）、疏港公路1条（仙港大道），设铁路客运站1个和高速公路互通口8个。有陆岛交通码头2个（枫亭海安、海滨）。

  邮政、通信、广电持续发展。1949年，仙游邮路总长仅10.7千米，电话机仅有82部。中华人民共和国成立后，邮电基础设施逐步完善，各乡镇均设邮电机构。1992年邮路总长1703千米，有长途电话106路，电报7路，实装用户电话3951部。2000年，投资3500万元建成全省最大的县级有线电视网络，仙游广电通信发生了质的变化。2006年，农村信息"村村通"网络体系基本形成。2008年，全县广播信号覆盖率100%，有线电视入户率99%。数字电视于2008年底全面推广。至2009年6月，电话交换机容量为25.87万门，电信、移动、联通的电话用户总量为58.5万户。2012年，完成数字电视整体转换1.6万户。2018年，仙游邮政分公司邮政业务总量11323万元，同比增长28.9%，增幅位列全市第二。

  水电资源开发建设较快。1950年，仙游年发电量1.89万千瓦时。1992年，全县有水电站106座，总装机容量21585千瓦，年最高发电量8000万千瓦时。全县共有大小水库97座，总库容量10914万立方米，有效灌溉面积20.28万公顷。1994—1998年，以水利水电为重点的防洪工程，蓄引水、城乡供水等五大体系建设成绩显著，农村电气化县验收达到国家标准，顺利实施节水增产重点县建设。1999—2003年，农网、城网改造基本完成。九仙溪四级电站建成投入使用，年发电量2990万千瓦时。2008年，一批重大项目取得突破性进展，仙游抽水蓄能电站项目通过国家发改委核准，进场公路竣工通车，2009年电站主体工程动工建设；通风兼安全洞，进场交通洞全部完成。2009年，金钟水利枢纽工程完成大坝主体工程。2012年，实施农网改造升级工程，110千伏枫亭变增容、郊尾变扩建工程建成使用，城乡居民用电实现同网同价。2013年5月，仙游抽水蓄能电站2台机组发电。2013年，木兰溪防洪工程是省、市重点建设项目，仙游

段计划总投资8.86亿元，其中仙榜段Ｃ１工程已于7月动工。2018年，仙游有水电站79座，风电厂2座。

城乡建设项目加快推进。20世纪80年代前，境内集镇建设发展缓慢。1984年开始，实施城镇建设总体规划。仙游县城自1992年开始进行大规模改造扩建，鲤城街面拓宽，仙游饭店、电机大楼、供销大厦高层建筑耸立县城，市容更新；枫亭、榜头、度尾、龙华、郊尾、游洋等集镇也尽改旧观。1994—1998年，历经多年的旧城改造按原计划已基本完成，新建住宅面积67万多平方米，建成区面积从6平方千米扩大到9.6平方千米。市政配套设施逐步完善。1999年，基础设施建设固定资产总投资6.33亿元，比增19.2%，城乡建设成效显著。山区"五通"建设取得新进展。2003年，完成县城城镇体系建设、县城总体规划和鲤城片区控制性详细规划、专项规划，各乡镇新村建设不断推进。2006年，县城鲤中片区改造建设涉及拆迁面积19.2万平方米，涉及拆迁户1061户。鲤城东北部开发也正式动工，各项改造工作有序进行。2009年，继续推进鲤城东北部开发、鲤南城区拓展和鲤城城区改造，完善市政公用配套设施，合理布局社区服

宋代南门桥

务、商贸网点、农贸市场、停车场等,增强了城镇服务功能,城乡面貌在建管并举中持续改善。至2012年,城市规划控制区面积扩至120平方千米,编制集镇总体规划4个,村庄规划149个。100个城建项目完成投资66亿元,累计竣工商品房48万平方米、安置房10.9万平方米。仙游师范新校区、总部经济大楼投入使用,鲤中片区改造扫尾工作、第二自来水厂主体工程基本完成。学府路全线贯通,仙游大桥完成维修加固,玉井大桥、辉煌大桥建成通车。城乡客运一体化试点有序推进,完成汽车北站主楼建设,新增城区公交线路3条、停靠站40个,新购LNG公交车72部,铺设污水管网32.9千米。城区绿化、亮化工程稳步实施。2012年9月,仙港大道立交桥至坝下立面改造全面实施完工。2013年2月,仙游迎宾大道开工建设工程总投资约7200万元,7月底完工。2018年,荣获"中国最美县域"称号。

随着社会经济实力的增强,全县各项社会事业蓬勃发展。教育事业稳步发展。1992年,全县有中学55所,学生39944人;小学322所,学生98968人。1997年,教育"两基"通过国家验收。至1998年投资2亿多元,新建校舍45万平方米,为大中专院校输送学生20826人,居全省前列。1999年,仙游一中实现一级

仙游一中

达标。2006年，新增省二级达标中学2所，省三级达标中学1所，省级农村示范校1所。2008年3月，仙游职业中专被评为国家级重点职校。同年12月，仙游县"双高普九"顺利通过省级验收。2009年，新增省三级达标中学1所，省级重点职校1所。2012年底，教育"两项督导"通过市政府评估，获得"优秀"等次。高考本科上线率同比提高5个百分点。校安工程竣工17.8万平方米，新建中心幼儿园3个，创建义务教育标准化学校162所，仙游县第六中学筹建工作有序推进。2018年，荣获全国责任督学挂牌督导工作创新县、首批国家义务教育质量监测结果应用实验区。

卫生事业和计生工作持续发展。中华人民共和国成立之后，仙游县政府非常重视医疗卫生事业，至1992年，县城有县医院、中医院、皮肤病防治院、卫生防疫站、妇幼保健医院和精神病疗养院等，一些严重危害人体健康的急性传染病和地方病、慢性病得到控制。1999年，医疗卫生条件进一步改善和加强，初级卫生保健工作实现基本合格达标。2000年，投资5712万元改善县乡医疗条件。2003年，抗击"非典"取得胜利，公共疾病防控能力增强。2008年，6个乡镇卫生院改造提升工程顺利实施，城镇居民基本医疗保险全面启动，新型农村合作医疗参合率达95%以上。2012年底，县医院改造和妇幼保健院搬迁启动实施，同时改造提升乡镇卫生院6所，完成村卫生所标准化建设83所。计划生育广泛持久开展。1992年，人口增长率控制在10.24‰。1995—1997年，人口增长得到有效控制。1998年，全县总人口98.16万人，人口出生率13‰。1999年，计生工作继续保持较好的态势，全县人口出生率下降到11.3‰，人口自然增长率6.34‰。2006年，人口和计生工作进一步加强，基层基础进一步夯实，管理逐步规范，人口自然增长率7.26‰。2008年，低生育水平保持稳定，政策符合率达89.3%，同比提高2.8个百分点。2012年，实施"生育文明 幸福家庭"促进计划，人口计生政策符合率92.4%，同比提高2.2个百分点，通过省级人口和计划生育优质服务先进县考评验收。2018年，加快"健康仙游"建设，持续推进医疗卫生体制改革。荣获"国家级妇幼健康优质服务示范县"。全面"二孩"政策稳步实施。

科技和文化事业繁荣发展。改革开放不断深化，科技工作得到逐步加强。

自20世纪80年代至1992年，仙游县内有科技人员9679人（含教育系统），其中高中级专业技术人员1707人。这些专业技术人员实施国家、省、市科研项目335项，得到推广应用的有261项，科技成果获奖197项，取得明显的社会经济效益。1993—1998年，获得科技进步奖28项，科技进步对经济增长的贡献率提高到42%。1999年，仙游科技工作列入国家级星火计划项目2个，省级星火计划项目2个，科技贡献率达50%以上。2000年，仙游建立省级科技示范乡镇6个，实施国家级、省级科研项目15个，科技进步对经济增长贡献率达50.9%。2009年，仙游第五次蝉联"全国科技进步先进县"。仙游县省级可持续发展实验区获得批准立项。2012年，实施重点科技项目37个，申请国家专利103件，授权362件，专利成果转化28件。

  在体育方面。1983年3月，仙游县首次被评为"田径之乡"。1986年，陈泽斌荣获第十届亚运会十项全能金牌。1994—1998年，仙游两次蝉联全国体育先

金钟水库

竹编工艺

进县，四次蝉联全国"田径之乡"，并荣获全国"武术之乡"称号。2006年，承办全省首届"全国武术之乡"武术比赛，获总分第一名。县少体校被国家体育总局命名为"国家高水平体育后备人才基地"。2008年，林凡获北京奥运会特色项目女子南拳南刀全能冠军。2012年，组团参加莆田市第三届运动会获得金牌总数、团体总分第一。2018年，成功举办文化旅游节、县运会、美食节、龙舟赛。仙游籍运动员荣获国家级以上金牌18人次。

在文艺方面。莆仙戏源于唐宋，盛于明清。仙游鲤声剧团曾三度进京，演出莆仙戏《团圆之后》《春草闯堂》《新亭泪》《鸭子丑小传》等优秀剧目，仙游南戏的表演艺术被中外南戏研究专家誉为"活化石"而备受推崇。1997年，首版《仙游县志》获全国一等奖。2000年，戏剧文学创作获省级一等奖2个；王少媛荣获第十七届中国戏剧"梅花奖"。仙游县被评为"全国民间戏剧之乡"。2008年，仙游荣获"福建省十大空中最美家园"称号，枫亭"元

漆木碗

宵游灯"习俗列入国家级非物质文化遗产名录。2009年,仙游"仙作"古典工艺家具制作、麟山宫皂隶舞、聚英书院的"九莲灯"列入省级非物质文化遗产名录。2009年,仙游荣获"中国梦文化之乡"称号,建立中国梦文化研究室。2011年11月,仙游鲤声剧团在法国巴黎参加第五届巴黎中国戏剧节,其演出的剧目《白兔记》荣获最佳传统剧目奖。2012年,仙游工艺产业园列入福建省十大重点文化产业园区,中国工艺美术协会工艺油画专业委员会落户仙游。至2018年,全县共有县级以上文物保护单位182处;还有非物质文化遗产保护项目117个;"非遗"传承人89人;省级历史文化名村2个。

　　人民生活水平、生活质量不断提高。1989年,开始社会保障制度改革。1992年,开始开展农村奔小康工作。1992年,城镇人均收入1610元,农民人均收入920元;1998年城乡居民人均可支配收入4609元,农民人均纯收入2809元;

城乡消费结构变化，居住条件改善，文教支出增加，家用电器较为普及。随着社会经济发展，人民群众的幸福指数不断提升，逐步向更高水平的全面小康社会迈进。2005年，全县城镇居民人均可支配收入7836元，农民人均纯收入3829元。企业养老保险、失业保险和医疗保险参保人数逐年增加，全面实施城镇和农民最低生活保障。2017年，城乡居民居住条件明显改善。2018年，精准脱贫攻坚战取得阶段性成果。医疗救助、抚恤补助、灾害救济、慈善资助等救助体系逐步完善。

仙游，历史悠久，历尽沧桑。山河毓秀富饶，人民勤劳聪慧。改革开放以来，仙游发挥地理区位优势和人们聪明才智，意气奋发，刻苦拼搏，创造了仙游社会主义建设和发展的令人瞩目的新辉煌，谱写了仙游人民物质文明、精神文明和生态文明的新篇章。

第二章 "梦文化之乡"的文化传统

第一节 "梦文化之乡"的文化内涵

仙游地处福建东南沿海中部，县境东邻莆田，西接永春、德化，南连泉港、惠安、南安、泉州鲤城区，北接永泰，东南濒临湄洲湾，挨天然良港秀屿港，靠肖厝港口，历来是福州与泉州交通要道，是闽南文化与闽东文化交汇、融合的天然纽带，这为仙游地方多元文化的形成和发展奠定了基础。

一、农耕文化

仙游地处闽中，山川毓秀，风光旖旎，气候宜人。县域整个地势呈现出西北高、东南低，形成马蹄状格局，沿海、平原、山区的区域层次极其分明。境内有著名的东西乡平原，在这块富饶的平原里，成就了"鱼米之乡"和"蔗糖之乡"。至于东北角的兴泰里和西北角的仙游山，则是闻名遐迩的珍稀林区。全境分布着"七山一水二分田"，属于夏无酷暑的亚热带海洋性季风气候。这里良好的生态环境为农耕生活提供了优越的条件。

据《仙溪志》记载："县境依山濒海，故水陆之产足于他邦，五谷之种，随所宜树；六牲之物，随所宜畜。酒则以秔为曲（《闽中记》云：俗尚以秔为曲酝酒，微红色，燔而熟之，经夏尤清），盐则编竹为盆。货殖之利则捣蔗为糖，渍蓝为淀，红花可以朱，茈草可以紫。布帛之幅，则治麻与蕉，织丝以绐（细织绐麻皮杂丝织为布。本军士贡葛布一匹非土宜，乃以本县土产兼丝代之）。纱出于土机者最精，绅绸于蚕户者为良。用物则窠蜂而取蜜，且溶其房以蜡。灰蛎而柔竹，则蒸其屑以纸。炼铅而粉，采柏而烛，凝土而燔之。窑则埏埴之器通于三邑。煮铁而出之模，则鼎釜之利及于旁郡。木有松、栋、杉、山绵、水绵；竹有慈、贵、筋、石、雪钓、猫头；花卉则有紫芝、紫荆、瑞香、龙瓜，而芍药之奇，南州所无焉。果瓜则有荔枝、龙眼、黄柑、李、栗，而凫茨之珍，又他郡未有焉。菇蕈以春荐，瓜瓤以夏摘，蹲鸱以秋熟，笋蕨以冬供。兽有獐、狸、竹𪕮，禽有黄爵、鹧鸪、鸠子、雉鸡。介鳞之类，有石鳞鱼、子鱼、蛎房、螃蟹、团鱼、抱石鱼。草有黄连、乌药、草乌、半夏、木耳、莎草、石莲、苍耳、木通、木鳖、鹤虱、栝蒌、空青、黄精、罂粟、地黄、天南星、吴茱萸、草决明、麦门冬、骨碎补、龙胆草、金樱子、蜀葵子、山栀子、使君子、草牛膝、薏苡仁、石菖蒲、金毛狗脊诸物。余与邻壤同者不记。"

其中，仙游砂糖成就了枫亭太平港的繁荣，而荔枝则被蔡襄《荔枝谱》认定为荔枝"闽中惟四郡有之，福州最多，而兴化军最为奇特"，因为"邑中植荔，惟枫亭为宜，然皆不若产于赤湖者为佳"。还有仙溪龙眼、龙华薏苡仁、社硎杉木等。

仙游地理位置得天独厚，百姓安居乐业，"勤俭以署户门者，能安于澹泊，而不尚侈靡以相夸；争竞以泄私忿者，能亟于惩艾，而不事嚣讼以求胜。知理循分而寡欲易足，安土乐业而用志不渝。此风俗之大略也"。这便给群众笃定地信仰九仙文化奠定坚实的基础。

仙游糖厂甘蔗场

二、科举文化

仙游历史悠久，远在新石器时代，这里就有人类活动的足迹。西晋末年，中原战乱，大批南下的士族百姓迁入仙游境内，使仙游的经济文化出现了飞跃。唐圣历二年（699），仙游始置县。与此同时，仙游县学也随即设立。此后，仙游学事与科举俱兴，书院（书堂）纷立，讲学成风。唐文德元年（888），陈峤登进士第，此为仙游第一进士。由此，仙游科第兴起，文武鼎甲迭出，王侯将相、名宦师儒接踵摩肩，灿若繁星。

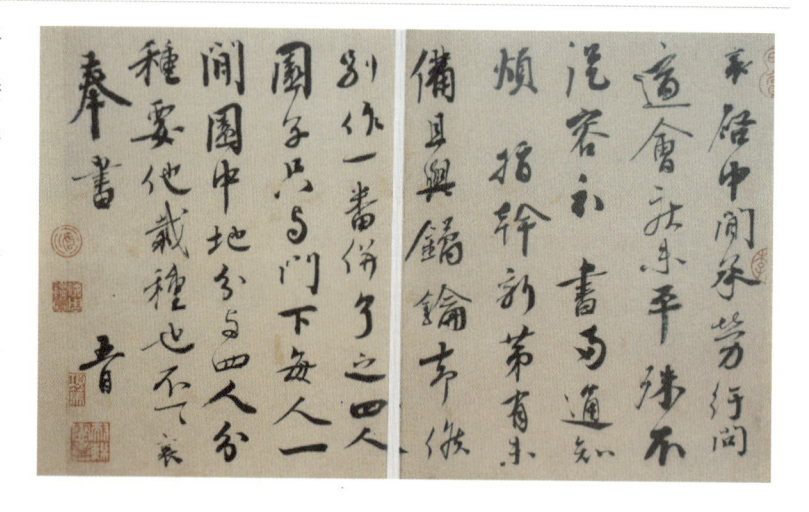

据《仙溪志》记载："仙溪地方百里，科第蝉联，簪缨鼎盛，甲于他邑。"其间，兄弟同年同科登第者4家，兄弟同登进士第11家，父子两代连第者14家，三代登进士第1家，四代登进士第1家，六代登进士第1家。尤有陈骥领起子孙三代3人，蔡准（蔡京父）领起四代6人，许积领起六代9人连第者，以及陈次升领起一门5人，叶宾与余象各一门领起15人和7人，许程领起一门12人，蔡襄领起一门25人，傅楫领起一门28人连第进士者。

蔡襄书法

明代可考的进士有50名，清代有18名，其中李乔为武科殿试第二名（武榜眼），李多见、陈迁分别为文科殿试第五名、第六名。另有荐群出仕的从进士32名，清代3名。同时有举人302人，其中明代109名，清代193名。其中明天启七年（1627）戴震雷、李灿英一举双魁，为文武解元；清康熙四十一年（1702）黄梦熊为武解元，康熙五十年（1711）与雍正元年（1723）许斗与何云池先后为文武解元，乾隆二十八年（1763）

蔡京书法

张兆鳌为解元联捷进士。此外，明代有贡生174名，清代有贡生102名。

由于封建时代素来崇尚学而优则仕，再加上中国自南宋之后，整个国家的经济、文化中心向南移动，仙游地处江南，又多承袭中原士族崇文重教之风，从而形成了"地瘦栽松柏，家贫子读书"的风气。其间，也曾出现了类似蔡襄忠国惠民，叶颙勤政爱民，郑纪爱国爱乡，林兰友忠贞不渝等典型人物的典型事迹，这自然激励后人愈发奋勇进学，以期建功立业了。

正因为古代仙游士子热衷于科举，而科举考试并非一蹴而就，往往有许多不可知的因素在左右着最终的考试结果，于是九鲤湖祈梦文化也借由地方文人的信仰而不断兴盛起来，并有了"神主科名尤灵"的说法。据《郑氏家谱》（宋代版本）："（郑良士）一日，祈梦仙水庙，梦仙人书一对示曰：'选举无门，赋诗独坐。'郑醒，悒悒不乐。后，果屡举不第。至景福二年（893），献诗五百首，授四门博士。历御史中丞以归。始悟独坐为三独坐也。"此后，蔡襄、蔡京、王迈、陈有秋等相继到九鲤湖祈梦，皆得美梦，遂成佳话。及至明代，据郑纪《仙梦辩》："由莆而闽，而天下，靡不闻风而翘想之；士大夫游宦兹土，莫不函疏叩关而至。"其祈梦之盛，由此可见一斑了。

三、工艺文化

仙游工艺的历史很长，早在隋代，佛教就已在仙游龙华地区（那时仙游还未置县）传播开来。当时宗教建筑不断兴建，神像制作和庙宇装饰对木雕工艺有着很大的需求。其间，度尾人智广和尚开创九座寺，乃南少林之发祥地。仙游自唐宋以来，"地有佛国之号"（南宋《仙溪志》），可见地方佛教文化之盛行。仙游自古盛产龙眼，当地人发现龙眼木质地坚硬细腻，是制作家具的上等原料。由此，仙游家具逐渐兴盛起来。除了服务于宗教外，其兴盛还缘于当地人的生活观念。仙游文化是由中原文化南移而发展起来的，自置县以来，仙游历史上人才辈出，功成名就的仙游士大夫以及富绅喜欢在家乡大兴土木，修建祠堂和宅院，大量木质结构房屋的兴建又催生了大量的木雕附件、家具及陈设品。

两宋时期，蔡氏家族衣冠辈出，促进了仙游地方文化及工艺的发展，特别是戏曲艺术的普及也给莆田家具的繁盛注入了活力。莆仙戏被称为南戏的"活化石"，这一剧种在莆仙地区广泛流传。莆仙戏所讲述的历史人物、民间故事为木雕艺人提供了丰富的创作题材。仙游人把自己喜欢的题材、图案刻在建筑物或日用器物上，既满足了他们的审美要求，也增添了生活情趣。这一时期，南方人民生活水平普遍较好，仙游人在成家时，不仅大户人家广泛使用木制家具，而且普通家庭也会添置木制家具，因此，家具技艺植入民间，不断得以延续和发展。

明清时期，莆田木雕工艺发展盛极一时，仙式家具制作技艺不断创新与发展。其中，仙式家具制作技艺广泛地引入了精细圆雕和精微透雕，主要体现在寺庙建筑装饰、传统建筑装饰、家具、佛像佛具等方面。在明代，仙游匠班别具特色。清代，仙游籍的"闽中雕龙始祖"郭怀开宗立派，影响深远。

藤编

福建仙游

民国时期，国事不宁，战乱频仍，民不聊生，仙游家具发展受挫。不过，中华人民共和国成立后，各行各业百废待兴，特别是群众置办农具、家具等需求量激增，这是仙游民间艺人发展的春天。此时仙游木作工艺分为两大队伍：一是"大木"，专门建造木制结构的房屋；二是"细木"，专门打造家具。而"细木"中又分为两支：一支专注于小木作，一支专注于雕花。改革开放后，榜头的竹编、草编、藤编、芒编、塑料编、棕编和木雕、竹雕、石雕、铜雕、骨雕和仿玉雕等工艺迅猛发展，形成了"六编""六雕"产业群。而度尾则迅速开办了乡镇工艺企业，分别有工艺一厂、工艺二厂、工艺三厂等。1985年7月17—21日，福建省政府在莆田县江口镇召开全省乡镇企业现场会议，会上号召全省乡镇企业沿海学江口、山区学度尾（仙游县）。此外，仙游民间工艺市场异常火爆，以至

草编

石雕

第二章 "梦文化之乡"的文化传统

035

陆羽　杜甫　吴道子　王羲之　关羽　张仲景　张衡　司马迁　孟子　孔子

洪承畴　刘基　魏徵　杜预　诸葛亮　张良　李斯　范蠡　管仲　吕尚

2010年第六届中国（深圳）文博会—特别金奖《十大圣人 十大谋士》

2006年荣获"中国古典家具之都"称号，并成功注册了"仙作"商标。

现如今，"仙作"已经成了仙游一张响亮的名片，从而连带九鲤湖祈梦文化也穿山跨海，美名远扬。

四、经商文化

在历史上，由于仙游地处东南沿海丘陵地带，依山面海，地少人多，虽然

东西乡平原比较富饶，但毕竟面积不大。所以一部分富有开拓精神的仙游人就开始逐步放弃农耕生活，坚定不移地重视商业经营，敢于闯荡天下。当然，受到地理环境的影响，早期仙游出来的商人都比较节俭，以至于有了"神仙难赚兴化钱"的俗话，后来又产生了"无兴不成镇"的说法。至此，尝到贸易甜头的人们便吹起了"田园万顷，不如薄艺在身""瘦店胜过肥田"的号角。

有道是"靠山吃山，靠海吃海"。早在宋代，仙游枫亭因为地濒湄洲湾，遂有太平港。而当时太平港主要的贸易货物是砂糖、龙眼干等。其中，甘蔗以西乡度尾为优，龙眼则以盖尾一带为良。枫亭人"熬波出素"（即熬盐），捕捉子鱼、乌鱼、车螯等，养殖子鱼、蛤、螃蟹、鳖鱼等，枫亭属山海物产汇合之区，其市场贸易历来兴盛，培育出不少有名的商人。

仙游人除了在本地经商外，还有许多人赤手空拳打天下，他们不仅遍布福建各县城镇，而且在国内许多商业重镇，诸如南京、芜湖、上海、安庆、台湾、香港等地，都可以看到仙游人的踪影（当然也有许多莆田人），民国时期，福州市的下杭路和中亭路，兴化商人云集，实力雄厚，形成全省首屈一指的兴化商帮，兴化人所经营的不少门类几乎垄断福州市场。

仙游是福建省重点侨乡之一，旅居海外华侨华人21万多人，分布在印尼、马来西亚、新加坡等30多个国家和地区。1982年，由印尼仙溪福利基金会发动侨胞捐款，于鲤城城区中心建设了主楼高9层、建筑面积6820平方米的华侨大厦。20多年来，在联络侨谊、凝聚侨心、发挥侨力上，该大厦发挥了不可替代的作用。2008年6月，在仙游县委、县政府的大力支持下，仙游新华侨大厦在鲤南新区三郊路旁霞苑村异地重建，并于2009年9月底主体工程竣工。该大厦与鲤南政务中心相连，周边交通便捷、配套设施齐全，是集商务、餐饮、娱乐等功能于一体的综合大楼，为海外侨胞及商务人士回乡探亲及商务洽谈提供了一个良好场所，成为海外侨胞联系家乡的桥梁和纽带。其实，这些仙游侨胞出国后，先从小生意做起，经过资本累积，终于成为社会名流，亦属成功典范。

而今，仙游各乡镇都有自己的经商队伍，如榜头红木家具，盖尾和郊尾人做油站事业，赖店人做古玩生意，园庄人做馒头生意，龙华人做小吃，度尾人做工艺小件等。

五、宗教文化

秦汉以前，中国东南为百越族的聚居地，居住在福建境内的称"闽越"，其文化特征是"信鬼神，重淫祀"。《说文解字》在解释"闽"字时说："闽，东南越，蛇种。"汉武帝于元封元年（公元前110）灭了闽越国，并将闽越国的贵族、官吏、军队、百姓强迫迁到江淮一带。《史记》载称："（汉武帝）将其民徙处江淮间，东越地遂虚。"这便揭开了福建移民史的序幕。不过，在这次移民中，有部分闽越人躲进山林，逃避汉军追捕，遂与汉族融合，从而保留了"好巫尚鬼"的习俗。此后，佛教传入，中国道教创立，很快就成为社会主要思潮。其时，福建虽地处幽远，为化外之地，但民间社会的宗教传播却极为兴盛。

事实上，在仙游还没置县之时，于汉代就有何氏九兄弟迁入，至隋代就有和尚在境内结庐讲经说法。据《仙游县志》记载：隋炀帝大业年间，有一个姓叶名惟胜的和尚，手持锡杖，从江苏润州甘露寺南下，来到仙游龙华地界，看到宝幢山"烟花苍苍，花气如云"，就在山下结茅为庐住下了。一天清晨，旭日高悬，而宝幢山上仍然云遮雾障，忽然有两条巨龙从云雾中翻腾下来，龙嘴里各衔着一朵鲜艳的莲花，奉献给惟胜和尚。唐垂拱二年（686），当地百姓在惟胜的草庐旧址上建成了仅有上下两座厅堂的禅院。

仙游置县之后，唐武宗发布诏令，禁止佛教活动，当时中原被强迫还俗的僧尼多达26万，而仙游倒是相对安定，兴起了佛教，诸如三会寺、仙门寺、九座寺等，就在这个时期建成，《仙溪志》载："晚唐以来，地有佛国之号。"宗教的兴盛促进了宗教文化的传播，像仙游的释叔端《宗镜边缘》，在佛教著作中占有重要地位；其《艺苑搜隐》对当时的诗歌进行了相当深刻的评论，也算是开福建僧尼诗评风气之先河。

相对于佛教的快速发展，仙游道教也在稳步向前跨越，特别是宋代傅楫第三子傅谦受于建炎四年（1130）在金石山建成福神道院，此为仙游道教的重要宫观。此后，道院虽屡有兴废，但一直存在。明洪武年间，知县顾思敬重建，称福神观，奉祀玄天上帝，两庑绘神像，前面设仪门。明永乐、宣德、景泰、

成化年间，道院多次修葺。隆庆年间，正式改为福神道院。清顺治年间，邑民林应和募资重修。明、清时期县道会司设在观内。

　　明代中后期，莆田出了一个林龙江，他宣扬"三教合一"学说，创建夏教，又称三一教，俗称三教。因林龙江是个大善人，乐善好施，积极抗倭，特别是他可以治病，深受广大群众欢迎，所以仙游人也开始拜林龙江为师，皈信三一教，其信仰人数之多，用心之诚，无出其右。后来，三一教在清康熙年间被政府禁毁，仙游三教祠便纷纷更名为某某书院而存在。到了清末年间，政府放松管控，这三教祠便在仙游遍地开花，凡是三村聚落之处，基本都有一座祠宇用于供奉三一教主林龙江。由于林龙江在年青时候曾到九鲤湖祈梦，得到"当代其文章，麒麟其事业"的梦兆，这促使三一教信徒认定九鲤湖是圣地，助兴了九鲤湖祈梦信仰。

六、名人

　　仙游人文荟萃，积淀丰厚。境内素有"家贫子读书"的传统，史上出有文武状元5人，曾有7名宰相，5名状元，13名尚书，28名侍郎，732名进士。在宋代，科第鼎盛甲八闽，被誉为"海滨邹鲁"。历代文武人才辈出。《中华状元奇闻大观》载薛奕是中国有史记载的第一位武状元；晚唐诗人郑良士，有《中垒集》名世；北宋初，陈洪进献漳、泉两州14县，纳土

东门石坊

归宋，为宋廷统一大业做出贡献，先后被封为杞国公、岐国公和南康郡王；蔡襄勤政为民，精于史治，工书法，善属文，有《蔡忠惠公文集》《荔枝谱》和《茶录》等传世，为宋代屈指可数的政治家、廉吏、书法家和园艺家；南宋的叶颙、郑侨、陈谠、陈次升等为官清廉，世人称颂；诗人王迈，其学问词章，为世称重，著有《臞轩集》，收入《四库全书》；明代郑纪精于理财，被誉为"经济名臣"；林兰友抗清不屈，节义可嘉；清代陈天高修桥铺路，嘉惠乡里，遂被朝廷表彰，建有东门石坊以垂绩。

杨泗宫

木雕

近现代以来，有李霞、李耕、黄曦为国画名家，誉播海内外。其中，李霞被著名国画家吴昌硕赞为"人物第一家"。李耕则与齐白石齐名，被画界誉称"北齐南李"。李耕曾为人民大会堂国宾厅绘制巨屏《松青鹤白东方红》，作品《达摩》《春夜宴桃李园》分别被故宫博物院、中国美术馆收藏。1960年，福建省人民政府在仙游创办"李耕国画研究所"，从而造就了孙仁英、陈毓和、李朴、蒋金读等一批著名画家。全县国画人才已逾3000人，油画师、画家共有2万多名。他们在全国各大城市开办画廊700多个，其中油画企业10多家，大型画室150多个，产值20多亿元。此外，王于洁、郑珍、林植等一批有志青年在战争年代积极投身革

莆仙戏下乡

莆仙戏《春草闯堂》

命斗争，为我国的解放事业光荣献身。中华人民共和国成立后，他们被追认为革命烈士。

如今，卓有成就的仙游籍学者、专家有600多人，获得博士以上学位的300多人。政界、文体界等英才辈出，教育界更是业绩斐然，自改革开放之后，全县年均为国家高等院校输送近2000名学子。

七、风景名胜

仙游素有"神仙游过的地方"之美誉，境内山川毓秀，胜景荟萃，旅游资源丰富。旧时，仙游境内主要风景有四大景，名曰：一菜溪岩，二麦斜，三九鲤，四天马，并且号称"莆田二十四景不如仙游四大景"，足见其美。如今，被徐霞客誉为"福建三绝"之一的九鲤湖成为仙游景区之首，而以九座寺为主的南少林发源区，金钟水利等水利旅游风景区，还有以宋代陈洪进、蔡襄等故居为主的历史文化景区，以及有"神昭海表"遗匾的妈祖文化景点等，都分外引人注目。

九鲤湖，位于仙游县东北部的钟山镇境内，系"仙游四大景"之一。传说汉武帝时，何氏九兄弟在此炼丹，丹成各乘一鲤升天，因而得名。九鲤湖自然景观独特，文化底蕴深厚，景区以百丈飞瀑、千年祈梦、万年冰川和摩崖石刻

九鲤湖

四大奇观著称。其中，九鲤飞瀑素有"天下奇观"的美誉，与武夷山、玉华洞并称福建"三绝"。明代旅行家徐霞客曾特地前来探访，在《九鲤湖游记》中赞叹说："即匡庐三叠、雁宕龙湫，各以一长擅胜，未若此山微体皆具也。"

九鲤湖冰川遗迹

何氏九仙是我国民间影响最广的司梦神灵，九鲤湖以祈梦文化闻名遐迩，其祈梦程式自唐宋一直沿用至今，被史学家誉为研究中华梦文化的"活化石"。历代达官显贵、骚人墨客来此朝圣、祈梦之风盛行。相传明正德二年（1507），江南才子唐伯虎在此梦见仙人赠予其一担墨锭，文思大进，后在苏州构筑"梦墨亭"以纪念祈梦之灵验，祝枝山为之撰《梦墨亭记》。明著名小说家冯梦龙，清著名学者纪晓岚、梁章钜等人对九鲤湖的梦文化都做过生动的记述。

菜溪岩，位于仙游县菜溪乡境内，平均海拔750余米，系"仙游四大景"之一。《兴化县志》记载，唐代时凤山九座寺智广和尚云游到此，结庐修炼，他不食人间烟火，以野菜为粮，常在溪边洗菜，菜叶随波而下，山麓村民见溪流上菜叶漂流，因而称为菜溪。清名士严光汉有诗曰："瀑尽云飞石室开，万山供奉雨花台。游人莫讶溪名菜，自昔茎根逐水来。"菜溪岩集山、水、岩、洞于一体，以清、秀、奇、幽著称，谷深径幽，泉石玲珑，林木蔽空，风日不到。谷中一片巨岩，如斧削剑劈，垂天而下，气势磅礴，与深涧、古木、瀑布、冰臼等景观形成天然的绝世幽谷。其林壑之幽美，水云之静闲，令人顿生闲逸、超凡之心。即使炎夏酷暑，此间犹凉爽宜人，是名副其实的天然避暑胜地。

　　麦斜岩，位于仙游县钟山镇境内，南距九鲤湖约8公里，乃石所山主峰，海拔1006.5米，系"仙游四大景"之一。因峰顶常有云雾缭绕，形成云岫，故又称"云居山"。南宋理学名家林光朝誉之"小武夷"。沿着奇石夹峙、古木掩映的石径攀登，途中峰回路转，拔地而起的千仞石崖藏匿于云雾之中，偶露峥嵘，显得危峭瑰丽。

　　麦斜岩风景秀丽，其上有寺，始建于南宋。岩脚一石上刻"樵谷山"三字，据说乃元世祖忽必烈为拒受官爵的隐士林璧卿所书。麦斜岩顶峰上，有一凌空矗立、形如钟磬的巨石，相传天气倏变时，附近村庄可隐约听见巨石发出哐哐巨响的钟声，这一带山区便以"钟山"为名。

　　天马山，位于仙游县榜头镇境内，海拔655米，因主峰山势巍峨，状如天马行空而得名，系"仙游四大景"之一。天马山以"险幽"著称，山分五峰，水流七漈。五峰为天马、龟柱、双兔、天梯和海日峰，七漈为鼎湖、丹室、龙首、药槽、天门、天津和松关漈，景致天成，各具风姿。鼎湖漈一侧，是倚天小径，傍崖临涧，蜿蜒悬空，如云梯悬于空中，异常险峻，拾级攀援，如登青天，被称为"天梯"。登上梯顶，绕过聚仙桥，往西有深潭，潭傍峭壁，清泉奔泻，即是天津漈。漈上有一峰突起，险峻逼人，黎明时站在山顶，能看到壮丽的日出奇景，这便是海日峰。

　　山中有天马寺，始建于明万历年间，寺门镌刻的清代楹联"入天出天游行

菜溪岩

麦斜岩日出　赵贺民　摄

天马山天梯

自在，是马非马色相皆空"，寺中悬挂的清代"秘诀延年"匾及古香炉，被视为镇寺三宝。

仙游文庙，位于仙游县鲤城街道燕池埔，原在旧县署西边，即今城隍庙址，其创始时间不详。宋咸平五年（1002），县尉段全迁建今址，系福建四大文庙之一。历史上，文庙曾建有棂星门、文昌宫、尊经阁、明伦堂以及各朝代名贤祠和亭、台、阁、榭、池、桥等古建筑。而今，尚存有戟门、两庑、大成殿、崇勋祠、文昌阁等古建筑，占地4100多平方米，庙内有宋代石鼓及清代的四对蟠龙浮雕石柱，气势不凡，极具艺术价值。1980年9月，该庙被列为县级文物保护单位，同时兼设县博物馆。1996年9月2日，仙游文庙被列入省级文物保护单位。2013年，被列为全国重点文物保护单位。

九座寺，位于仙游县西苑乡境内，原名太平禅院，由智广禅师始建于唐懿宗咸通六年（865），寺院九座相连，规模宏伟，鼎盛时僧众有500余人，是唐代仙游最大的禅林宝刹，宋端明殿大学士蔡襄、著名诗人刘克庄等曾在此留下

仙游文庙

凤山九座寺

墨迹。寺西有无尘塔，亦建于唐咸通年间，为寺僧圆寂后火化的荼毗塔，宋崇宁间赐名"无尘塔"，由蔡襄题写，是省内罕见的最具特殊形态的唐代古塔之一，为国家级重点文保单位。

九座寺西去13里处，有"十八股头"等岩群奇观，怪石嶙峋，奇洞遍布。再往西行，有闽中第一高峰石谷解，主峰海拔1803米，冬季的石谷解常下雪，皑皑白雪。

仙水洋，位于仙游县与德化县交界处，在九座寺以西，有大溪涧，涧水玲珑，蜿蜒数里，流入凤山村，溪面变宽，溪床平展，溪流轻缓，水深没踝，接近膝半，沿溪延伸约1公里，是罕见的浅水广场。溪面最宽处达数十米，岩石溪床平滑如砥，系整块棕色平坦石皮构成，净无砂砾，布水均匀，在阳光照耀下波光潋滟。

仙水洋两岸，重峦叠嶂，松柏掩映，山环水抱，环境清幽，有着与世隔绝的宁静。周边村落依山傍水，民风淳朴，缓缓的水声，清脆的鸟鸣，袅袅的青烟，斑驳的泥墙，古旧的木门，苍老凝重的砖瓦，如同一幅水墨画。

蜚山，古称飞山，分为大小蜚山，位于仙游县城北，系境内五大山脉之一。《八闽通志》称："大飞山、小飞山，县之主山也。蜿蜒数百里，屹立为二，高可千仞，其形翼然，如飞扬之状。"蜚山乃自九座山绵延而来，蜿蜒百里，矗为大蜚、小蜚二峰，是鲤城盆地的屏障，有九龙岩、富洋道场等十八胜景。

仙水洋水韵

唐时，高僧瑞香禅师于此开辟富洋道场，建东西塔、堂。宋时，喻景山慕名来此隐居读书，在崖壁刻下"大飞书院""挹飞""煮茗"等篆书；史学家郑樵也曾到此游憩，篆"小夹漈"三字。

龙华双塔，位于仙游县龙华镇灯塔村龙华寺前。北宋大观、政和年间，孝子郭勇为庆祝其母七十和八十寿诞，先后建起东塔和西塔。明嘉靖年间，双塔被倭寇火烧损坏。1961年，整修。塔为五层八角楼阁式石塔，坐北向南，东塔高24.56米，西塔高25.66米。须弥座每边长0.85米，转角有力士金刚承托。东、西向设门。护塔神立在一层东、西门两侧。塔檐下刻斗拱。各塔檐脊上均有一尊坐佛。塔内每层均辟一方洞，以架梯上下。2013年，该塔被列为全国重点文物保护单位。

天中万寿塔，位于仙游县枫亭镇塔斗山上，创建于五代年间，形制特殊，如古印度阿育王王冠，是闻名全国的古代石塔之一，现为全国重点文物保护单

天中万寿塔

位。塔西有建于唐宋年间的文昌阁、会心书院、崇正祠等。会心书院前身叫青螺草堂，是枫亭附近学子读书场所，宋端明殿学士蔡襄、宰相蔡京，元朝状元林亨，明朝江西布政司右参议陈迁等都曾在此读书，宋代理学家朱熹曾多次登塔斗山，并在会心书院设坛讲学，曾题下了"敬义堂"的匾额。塔周围还有朝天寺、元代肖妃墓、兰友祠等名胜古迹。

第二节 "梦文化之乡"的生活文化

仙游的生活文化主要包括饮食类、节庆类、仪式类、信仰类、文学类、技艺类等，这些文化类别彰显出仙游人的生活情怀，充实了仙游人的精神世界。

一、饮食习俗

仙游山多田少,但人口众多,历史上为缺粮县。平常,仙游人一日三餐以稀饭为主。只有逢年过节、婚丧喜庆、祭祀劳动时,才会吃干饭、面条或米粉等。由于仙游盛产蔗糖,故甜食是民间一大特色,如年节蒸糕做粿,夏天吃绿豆汤、米糟、番薯糊等,都要加糖制作。

仙游民间小吃名目繁多,诸如扁食(馄饨)、水龙(豆腐丸)、麻丸(肉丸)、干焖羊肉、鸡卷、荔枝肉、海蛎汤等。糕类有清明龟、粽子、糯米粿、白粿(年糕)、枫亭糕、八宝饭等。其中,荔枝肉,其名乃由蔡京所取。因枫亭盛产荔枝,故蔡京在朝为官时,曾嘱咐厨子将肉切成荔枝状,拌深红色,和糖制作,状如荔枝,遂美其名曰"荔枝肉"。水龙,雅称"瑞祥",相传是元末枫亭后肖女子肖丽蓉被选入皇宫为妃,为了讨皇帝欢心,特制作家乡风味小吃"水龙"给皇帝吃,皇帝吃过,龙心大悦,一时传为美谈。干焖羊肉,则是因为明嘉靖年间,倭寇来袭,有村民正好在宰羊,听说倭寇来了,连忙把羊扔进刚煮沸的锅中,并草草盖上,溜之大吉。待倭寇走远了,他回家一看,锅中羊还在,但已被焖熟了。于是,他切出一块品尝,竟然味香无膻,遂传为佳制。

近年来,仙游人物质生活富裕了,遂在2016年举办仙游首届美食文化节,评出仙游"十大名菜""二十道名小吃"和"二十道名点"。其中,仙游十大名菜为:仙游炒海蛎、缸焖羊肉、炖全羊汤、仙游炒面、月子饭、红鼻番鸭汤、盐焗土鸡、仙游海蛎汤、白酒插蛏、炒钟山白粿;仙游名小吃有:扁食、葱饼、海蛎饼、荔枝肉、花生浆、锅边糊、烧卖、卤套肠、鸡卷、粽子、杂烩汤、面粉煎、瑞祥(即水龙)、大肠熘、卤鸡爪、炸春卷、炕豆腐汤、大肠饭、冬粉汤、肉包;仙游名点心有:枫亭糕、七饼、糯米红团、白糕、麻筒、牛脚蹄、蓼花、花生块、松糕、千层糕、绿豆饼、肉饼、马蹄酥、三合士、花生豆、油绳、碗糕、芋粿、马蛋。

瑞祥　　　　　　　　　　　　花生浆

寿面　　　　　　　　　　　　油绳

贡饼　　　　　　　　　　　　汤圆

中国民间文艺之乡

炒豆

米糕

圆子

年糕

红团

落花

枫亭糕

二、岁时节日

（一）春节

农历正月初一至初五日，是仙游民间最隆重的节日，俗称春节。每年除夕亥时一过，家家户户都会燃放鞭炮，俗称"开正"，表示新的一年开始了。

正月初一游春。晨起，老老少少都会穿新衣，换新裤，意味着用全新的面貌迎接新年。早餐时，人人都要吃长寿线面配青菜，寓意健康长寿。当然，青菜不是一般的菜，一般是不切断的菠菜。吃过后，男女老少就会给左邻右舍拜年，特别是对逢十做寿（五十岁开始）的人家，要说"添福添寿"的吉祥话。这些都忙好了，就可以呼朋引伴出门游春，或进庙烧香，或登山踏青，或入市逛街等，各遂所愿，好不快哉。

初二不登门。莆仙人正月初二是忌讳串门做客的，因为这一天是为了纪念明代倭难的日子，被视为"悼亡日"。据乾隆版《莆田县志》记载："嘉靖四十一年（1562）十一月二十九日四更，兴化府城失陷。"两个月后，倭寇听闻戚继光援兵将到，遂撤出兴化城，留下了一个千疮百孔的府城。又过了八个月，倭寇集结两万余人，从东沙登陆，直扑仙游，妄图一下子攻破仙游。结果，仙游军民奋起抵抗，硬是坚持50余天，终于迎来了戚继光援兵，从而解了仙游之围，其时为嘉靖四十二年（1563）十二月二十六日。为此，仙游民众陆续回家，但城中尸骸狼

春节挂灯笼

藕，惨不忍睹。然而，胜利当前，新年在望，庆祝过年还是需要的。因此，在正月初一过完年后，回家的难民便在正月初二出门探问，多是悼亡。由是，民间约定俗成，将正月初二视为悲痛之日，名曰"悼亡日"，用于纪念抗倭。

初三祝寿日。仙游人习惯50岁开始，便在正月初三举行寿庆仪式，俗称"做寿"。此后，每逢十年，都会庆祝一次。相传，这一寿庆习俗是由九鲤湖开始。据说，在宋代，有位孝子因母亲眼睛失明，遂放弃进京赴考，到处寻医问药。一年，临近过年时，他听说九鲤湖的仙水可以治疗眼疾，便抱着试试看的态度，取回水给母亲洗眼，居然洗而复明。于是，亲朋好友无不登门道贺，共同庆祝。因为此日正值正月初三，而这件事实为喜事、孝顺事，因此，村民便将这一日定为敬老日，后来衍为祝寿日，成为风尚。

祝寿时，礼品一般有线面、鸡蛋（用红纸封腰或套个红袋子）、鞭炮、红烛、柑橘等，有的另加衣服、毛毯、中堂（书画）等。若是女性做寿，则要添些花粉或化妆品之类。对此，主要多以柑橘、红团、年糕等作为回礼。其中，女婿为岳父、岳母祝寿，外甥为舅舅祝寿，要"挑盘子"。盘子的数量通常是四盘，每盘分别装着线面、寿龟或寿桃、猪脚、红团等。这种祝寿比较隆重，因此主人家一般会摆酒席答谢，其丰简程度依各家经济情况而定。

另外，仙游一些地方还有做"假十"的习惯，即到了49岁，就可以向对方祝寿，仅限于至亲之间，一般不办

寿桃

"盘"。由于不办"盘",做寿人自然也就不摆酒席答谢了。

初五做大岁。相传,明嘉靖四十二年(1563)底,倭寇围困仙游50余天,后于是年农历十二月二十六日被戚继光剿平了。因此,仙游人民纷纷回家整理家园,准备迎新。然而,有些人亲人因战乱而死,遂有正月初二悼亡之俗;有些亲人则躲得远,在除夕之日未能回家团聚,故人们在忙完初三祝寿之后,在初五日又重做大岁了。

虽然仙游大部分地区都有正月初五做大岁的习俗,但唯独游洋吴宅人初五不做大岁。据说,在明代抗倭期间(具体时间不详),正月初五日吴宅人吴廷珠(兴化府监军)不幸战死,故其族人为了纪念他,把初五日定为悼念日,不做大岁。

(二)元宵节

亦称"上元灯节",是仙游民间传统的重大节日,以各村居抬菩萨出游为亮点,尤以枫亭游灯为典型。枫亭元宵游灯始于宋代,盛于明代,传承至今已有九百多年。每年正月十三至十七日,由枫亭镇区的下桥、下街、兰友、学士社区及下街北门自然村依次进行,该活动主要汇集了篝火、社火、放灯、游神、古巫、傩舞等多种古典文化和民俗文化,融合了民间的灯艺、曲艺、舞蹈、十音八乐、戏剧和杂技等各类艺术,其每年参与人员

游灯

达4000多人，观众达20多万人次，持续时间之长，参与人数之众，华灯样式之多，在国内罕见。

二月二，仙游人称其为"头福"。旧时，乡村行祀神祭典，祈求一年家庭平安，五谷丰登。在这一天，家家户户都要煮菜米粥，相传是日食此菜粥可洁身健肤，免生疥疮。该菜粥的制作方法极其简单，即用大米、芥菜（主要菜品）、肉丝、海蛎、炸豆腐、芹菜（或葱花）等为原料，煮成咸稀饭。

（三）清明节

这是一个传统的祭墓节日，但在仙游则有着"清明前，冬至后"的说法。即仙游人祭墓一般会安排在清明节之前，最迟也是在清明节当日，逾期则不祥；而冬至祭墓则安排在冬至节之后。在清明节时，仙游最有特色的是祭墓供品——"清明龟"。这个"清明龟"是用鼠鞠草（清明菜）晒干，磨成粉，和糯米、白糖、花生等制作，印成一只只状如乌龟的粿品，其色黑、质韧、味香，可口健胃，止咳化痰。祭祀时，同其他祭品一道，供于墓台，请祖先品尝，极有深意。

清明龟

（四）端午节

仙游人称之为"五日节"，活动时间从五月初一至初五日，俗称"初一糕，初二粽，初三螺，初四艾，初五扒龙船"。仙游民俗认为，五月为恶月，五日为恶日，故要挂艾叶、悬菖蒲以辟邪。端午前（初一至初四之间），出嫁女儿要回娘家送米粉，或糕、粽之类，称之为"送节"。而娘家则会以小儿服装作为回礼。端午时，上午，人们会上山采兰草、金银花、铁芒萁、番石榴叶、杉尖叶等物。到了中午，以上诸物和着午时的井水（又称"午时水"），还有鸡蛋烧煮，其中，鸡蛋称为"五日节蛋"，食之可防雷雨，保平安。下午，即"扒龙船"。其中，榜头、鲤城、大济等地"扒龙船"，不仅是为纪念伟大的爱国诗人屈原，同时也是为了纪念明嘉靖年间来仙游抗倭而落水死于木兰溪的戚家军将士。一般来说，"扒龙船"并非仅限一日，有时候增加比赛的内容，则会持续数日。

赛龙舟

（五）七夕

民间传说，农历七月初七日是牛郎织女鹊桥相会的日子，这寄托着古代青年男女渴望婚姻自由的深切情感。仙游人过七夕时，主要是吃"花生豆"，寓意夫妻和睦到老。夜晚，人们在瓜棚月下，边吃炒豆，边聊天，甚是和谐。有未婚女子为了找到如意郎君，会在悄无人声的地方摆起香案，向月老祈个好伴侣，美其名曰"乞巧"。

（六）七月半

农历七月十三至十六日，俗称中元节，而仙游人则称其为"七月半"，是传统祭祖的日子。旧时，农历七月十三时，仙游人会在厅堂内摆祭品，接迎祖先，称之为"接公妈"。到了十六日，又会焚银钱，称之为"送公妈"。不过，仙游有些地方，则将"送公妈"挪到十月十五日进行。

（七）中秋节

由于中秋节是在农历八月，属于秋季第二个月，故古人又称其为"仲秋"，而仙游人过"仲秋"，别具特色，称其为"做秋"或"栽秋"。所谓"栽秋"，是已出嫁的女儿每于中秋节前送礼物给娘家父母"送秋"，体现出其尊亲、爱亲的传统美德。"送秋"的礼物，一般有月饼、猪蹄、花生油、米粉等，还有给父母送衣服、鞋子、袜子、围巾等过冬用衣物。

（八）冬至

仙游人又称之为"冬节"。在仙游，向来有"冬至大如年"的说法，多数在外的仙游人都会回家祭拜祖先，一家人热热闹闹地吃顿团圆饭。

仙游的冬至一般分为冬至早和冬至暝。冬至暝是冬至前夜，当天下午家家户户要做好祭品，搓好"粿子"（用糯米粉制作），以备明日之需，俗称"做祭暝"。由于"冬至暝"夜最长，小孩子又爱吃"粿子"，遂有"爱吃一碗丸仔，盼啊天不天光"的说法。

到了冬至正日，又叫"冬至早"。每家每户当家的女人就会起早给全家人下前夜做好的"粿子"。当家女人煮好"粿子"后，不能立即吃，而要先挑几颗去贴门窗，表示全家团圆之意。这些仪式做好了，这才能吃"粿子"。由此，又形成了一句俗话，人称"吃过圆子增一岁"。

过了冬至后，仙游人一般都会去祭墓，告慰祖先，遂有"冬至后"祭墓的风俗。当然，有些生活忙碌的人，为了节省时间，常常会在冬至日那天就去祭墓，但没有人敢在冬至前祭墓。

（九）除夕

仙游人又称为"三十暝"，晚上围炉吃饭，又叫作"年夜饭"。这时家庭成员要尽可能地齐全，许多远在外地的家庭成员也总要在年夜饭之前赶回家中，因此这顿年夜饭又称"团年"。旧时，由于生活水平较低，平时做不到饮食丰厚，只有到了过年时才能改善一下，因此对年夜饭的质量和内容要求较高，饭菜要尽可能丰富，一是为了解馋，二是这种充实感预示着来年的丰衣足食。

"年夜饭"罢,仙游人还有"守岁"的习俗。那时,家家户户通夜点灯,男女老少娱乐至深夜,迎接次日春节的来临。

三、人生礼仪

人是社会的人,个人与群体的关系都是通过社会中的各种礼仪来实现的。传统的贯穿人生的礼仪主要有诞生礼、冠笄礼、婚嫁礼、起厝礼、丧葬礼等,又因各自所处的环境不同,仪式也不尽相同。对此,生活在仙游地区的人们,也同样形成了一些别具特色的人生礼仪。

(一)诞生礼

在仙游,婴儿出生后,满一个月,叫"满月"。是日,要烧水给婴儿洗澡。洗澡时,在澡盆中放铜钱数枚,洗毕,将带有铜钱的水泼地,看铜钱正反两面数目,以此定孩子一生的好坏。随后,剃胎发,并用雄黄酒给孩子头顶"画桃",换新衣等,便可带孩子出门见客了。等到出生满四个月,叫"做四月",这时,婴儿可以吃荤腥,叫"开嘴"。有钱人家会办酒席,大宴亲朋,以示庆祝。等到满一年,则试晬,俗称"抓周"。举行仪式时,先取一个大米筛,里面放着剪刀、尺子、戥子、算盘、毛笔、书本、钱币等物,再将小儿放入筛内,以其所取之物,预测小儿未来的爱好、职业及命运。

(二)冠笄礼

在古代,男子达20岁时,即举行加冠礼,亦称成年礼。行此礼后,表示男子已经成人,可以结婚成家了;女子达15岁时,即举行加笄礼,亦称成年礼。行此礼后,表示女子已届婚龄。后来,因为西风东渐,破旧立新,这种冠笄礼便不复存在了。不过,仙游人仍然坚持"十六岁即成丁""未成婚,仍是孩仔",也算是成年礼的别样标准了。

（三）婚嫁礼

仙游婚嫁旧俗礼仪繁多，有"相亲""定聘""择日""送嫁""催妆""迎亲""挂表轴""拜堂""宴宾""闹洞房""换花""回门"等一套礼仪。

1.相亲，就是由媒人介绍，先看人，再看厝，相互间觉得合适，便要商议结婚事宜，如聘金、嫁妆、彩礼等。

2.定聘，关于结婚事宜谈妥后，男方就要择日备好金银首饰及部分聘金到女方家里放定，女方家里则要备筵席招待客人（含女方亲属），俗称"讲定"。

3.择日，毕竟结婚大事，成婚日子一定要细挑，故有择日一说。

4.送嫁，女子订婚后，亲友都会量力购买一些生活用品赠送，以表支持之意。

5.催妆，结婚日前两天，男方要把商定的聘金、礼盘送到女方家，这里面有两层意思：一是履约，二是提醒时间到了，要接人了。

6.迎亲，新娘身披红装，头戴凤巾，上轿前要到厅堂前拜祖，以示告别。当新娘一出厅堂，娘家人就要立即紧闭大门，

婚俗

迎亲

并用铁耙拦在大门后，以防"财龙"被女儿拖走。

7.挂表轴，新郎接到新娘后，男方家里就要挂起表轴（又称表德）。该轴四尺长，两尺宽，右写新郎原名字，中写新郎表德字（即个人字号），左写新郎在同辈中排行。仪式开始，先放鞭炮，再喊赞句，即挂好表轴。一般赞句是这样喊的："挂起表德真及时，金鸡报喜会佳期。亲朋好友来贺喜，一举成人天下知。"

8.拜堂，新娘由喜娘扶出厅堂，在神案前右边站定，新郎站在左边。站定，司仪即高唱行礼，先向外拜天地，再向祖宗跪拜，最后夫妻交拜。拜毕，共饮交杯酒和"三汤"（龙眼、莲子、红枣），寓意夫妻生活甜蜜。

9.宴宾，拜堂过后，即大宴宾客。旧时，为了表达母亲生育之恩，便非常尊崇舅舅，留厅上首席大位给舅舅坐，俗称"横头位"。全席应有12道菜，表示一年12个月都美满。酒席由新郎先端菜，送至舅舅席，至少端三道。随后，

喜宴

新郎、新娘出来向宾客敬烟、敬酒、撒糖。酒席最后一道为甜汤，寓意新婚甜蜜，幸福到老。酒席结束时，只有舅舅起桌，才能放鞭炮宣告散席。

10.闹洞房，酒席结束后，就要开始准备闹洞房了。闹洞房时，要先出灯，继做经文，如出对子、猜谜语、解难题等等，总之，就是故意出一些节目刁难新郎新娘以取乐，增进新郎新娘并肩作战的感情。如果新郎新娘答不对，做不好，会有相应的惩罚，如罚分花生、瓜子、香烟、糖果等。经文做到深夜，即要散房，取适可而止之意。

11.换花，婚后第三天，女方家备好"换花盘"，由小舅送到姻亲家，看望亲人。盘礼有衣裳和红白纸花（红花代表生女，白花代表生男）。这时，男方家长要给小舅"挂胜"（即红包），并设宴招待客人。

12.回门，俗称"转马"。有名望的人家，在"换花"当天，新郎要陪新娘回娘家。不过，是夜忌在娘家过夜，必须赶回家中才吉祥。

（四）起厝礼

在仙游，人生三大事：结婚、起厝、修大墓。如果有人一生中没经历过起厝大事，就会被人瞧不起，属于幸福儿，没担当。在起厝时，先请地师看风水是必须的。当地师看罢风水，奠好基，建好房，就要上梁点脊。上梁点脊时，先挑好日子，再定人选。注意，与点脊时辰生肖相冲者，一定不能用，否则该房子不利将来。房子点过脊后，就要过厝，亦称"乔迁"，即从旧居迁到新居，需要办酒席，大宴宾客。

（五）丧葬礼

在仙游，凡病危将死之人，就会被亲属从寝室移到厅堂，按男左女右位置摆放，其床铺不能放在脊梁下，此为"移床"。在病人断气后，男由孝男，女由孝妇更换寿衣，其衣多至七套，视家庭经济情况而定。此后，男去冠，女披发，伤心哀哭，是为"哭孝"。是夜，在死者床前案上点盏明灯，由孝男孝女守护，是为"守灵"。入棺收殓时，孝男捧头，孝妇抬脚，把死者安放在棺材盖上，为死者洗脸、洗身、洗手、洗脚，是为"洗身"。择时入殓，是为

"入木"。其时，子辈穿麻衣，孙辈穿白衣，此为"穿孝衣"。另外，孝男孝媳臂上要套白带圈，父丧套于左手，母丧套于右手，此为"戴孝"。入殓后，死者生前用过的卧席、被褥、餐具、衣物等，送至野外焚化。出殡时，先用火盏（简易火灯）引路，棺柩由八条汉子轮换抬行，家人跟随棺后哭别。儿子身着麻衣，手执孝杖；女婿着白衣白帽。送死者上山，女性不得上墓山。抬棺上山期间，要不时撒纸钱，为死者买路。若逢过桥，则扔"大银"，给桥头将军交"过桥费"。半路上要歇息，应放在条凳上，不能置于地上，儿子女婿要下跪叩拜。葬后，孝杖插于墓丘上，并在墓台摆礼物祭祀。下山称"回龙"，也要用火盏引路。棺杆上披红布，儿子女婿身披红巾，手执青树枝（用红纸封腰），一路哀伤缓行。晚上，丧家办筵席，酬谢众亲，并给帮葬者每人一份红包，俗称"花彩"。

死者入土为安后，过七天，是为头七。有经济条件者，会给死者做法事，供斋饭。一般每逢七天做一次，共七次。头七与尾七比较隆重。过百日，即可起去"灵位"，剃掉"百日发"（儿子守孝百日不剃发），换掉素服（过去是守孝三年起服），表示悼念暂告一个段落。过一年，即做周年。过三年，即起服。凡年内有丧事家庭，过新年时，不贴红联，改贴绿联。三年后，即恢复正常。

四、民间信仰

仙游地处福建中部，亦属"好巫尚鬼"之区，境内民间信仰高度发达，有天神、地神、风神、雨神、生殖神、医神、瘟神、海神、祖先崇拜、忠臣乡贤崇拜等，不一而足，应有尽有。其中，九仙信仰、湄洲妈祖、吴圣天妃、法主仙妃、临水夫人、三教先生、田公元帅、杨公太师、张公等，当属仙游民间信仰之最突出者。

九仙信仰

相传，在汉元狩年间，有何氏九兄弟自江西临汝出发，经过仙游鸡子城，憩息于钟山岩畔，炼丹于九鲤湖边。后来，炼丹有成，他们跨九鲤飞天。何氏九兄弟成仙后，常托梦给世人，告知人们福祉灾祥。于是，人们纷纷登九鲤湖祈梦，以卜前程。而历代熟谙世故的道长或高僧，就帮人解梦、圆梦，为人们指点迷津，慰藉劝勉，使祈梦习俗盛传不衰，而九仙信仰亦随之传播海内，远及东南亚诸国。

妈祖

湄洲妈祖

又称天妃、天后、天上圣母等，是北宋福建莆田湄洲屿的一位普通女子，姓林名默。她死后，乡人感其生前为民治病、海上救人的恩德，遂在湄洲屿立庙祠之。虽仅"落落数椽"，但"祈祷无虚日"。庙后崖刻有"升天古迹"四字，号为"通贤神女"。宣和五年（1123），给事中路允迪出使高丽（今朝鲜），中途遇风，"八舟七沉"。时路允迪得神救助，返朝复命。宋徽宗诏赐"顺济"庙额，因而湄洲妈祖庙也称"湄洲顺济庙"。南宋绍兴二十年（1150），仙游籍特奏名进士廖鹏飞作《圣墩祖庙重建顺济庙记》，此篇文字成为目前海内外发现最早记载妈祖生平的存世文献。宝祐元年（1253），因枫亭境内有顺济行祠，民众奉之甚恭，所以王里（枫亭人）向朝廷请封妈祖父母。其时，朝廷准王里所请，特封妈祖父亲为积庆侯，母亲为显庆夫人，此为妈祖父母受封之始。由是可知妈祖信仰在仙游境内受欢迎程度了。后来，妈祖屡受朝封，累封至天后，备极荣宠，这无疑扩大了她的知名度，增强了民众的信仰信心。

吴圣天妃

俗名吴媛，生于唐贞观二十三年（649）七月十五日，是江苏人。其父吴竞，讳惠远，因事弃官，隐居苏州城，开设百福堂药堂，人称百福先生。据传，吴媛秀外慧中，乐于学医，常跟父亲上山采药，识得各种青草秘方。及

长，吴媛因不满父母婚嫁主张，遂离家出走，云游江西庐山、浙江金华等地，寻访名师，竟然有得。于是，她经尤溪南下永福（今永泰县）梧桐至清源县（今仙游）古寨下，隐居兴角山下古峰亭（又称古峰庵），多行善举，救度百姓。后来，她坐化升天，百姓感其恩德，便奉其为神而祀之，尊称吴妈。宋高宗绍兴十九年（1149），因兴化郡守陆奂钦之请，朝廷封其为顺应夫人。此后，代有敕封，累封至天妃。在仙游，吴圣天妃信众颇多，因与妈祖、陈天妃一起被仙游人合称为三妃，多有庙宇。

吴妈像

法主仙妃

民间称仙妃、圣妃、圣泉妈、圣祖妈。《仙游县志》载称："唐有法主圣妃，因时苦旱，以铁鞭引地成泉，秋浅冬枯涸。春回，农事将作，设祭，方涌瀑。"相传，法主圣妃博学多才，精通医学、茶学、天文、地理、道术，一生因创圣泉、兴水利，研茶药、济世人，重教学、兴文化等功绩深为百姓所推崇。清雍正十年（1732）八月、乾隆十五年（1750）八月，境内先后发生疫症。有患者进圣泉宫卜问求医，得法主仙妃俯允，用其传统精制药茶加殿前井水煮服，药到病除，极为灵验，遂益其信仰。

临水夫人

姓陈，名靖姑，宁德古田人，有说是福州下渡人，或莆田醴泉人。相传，她赴闾山学法，师承许旌阳真人。能降妖伏魔，扶危济难。24岁时，因祈雨抗旱、为民除害而牺牲。民间传说临水夫人在保护妇幼上颇有奇效，因而被称为"救产护胎佑民女神"。南宋淳祐元年（1241），理宗加封陈靖姑为"崇福昭惠慈济夫人"，亲颁"顺懿"新额。淳祐六年（1246），复由福州知事徐清叟奏请，加封"天仙圣母青灵普化碧霞元君"。元统初年追封"淑靖"；清道光皇帝因皇后难产求女神灵验，直呼再生父母，故又有"陈太后"之称。咸丰年间加封"顺天圣母"。民间俗称"临水夫人"。

仙游人有将临水夫人与妈祖、吴圣天妃一起尊称为"三妃"，始奉于三妃宫。又有人认为，仙游历史上的三妃，应该是妈祖、吴圣天妃与法主仙妃。其实，据南宋黄岩孙所撰的《仙溪志》记载："三妃庙，在县东北二百步。一顺济庙（祀妈祖）……一昭惠庙（祀吴圣天妃）……一慈感庙，即县西庙神也。三神灵迹各异，惟此邑合而祠之，有巫自言神降，欲合三庙为一，邑人信之，多捐金乐施，殿宇之盛，为诸庙冠。"很明显，三妃之一的神灵是慈感庙主神。按《仙溪志·慈感庙》记载："慈感庙，在县西一里。神姓陈氏，本汾阳人。生为女巫，殁而人祠之。妇人妊娠者必祷焉，神功尤验。端平乙未（1235），赠庙额。嘉熙戊戌（1238），封灵应夫人，寻加封仁惠显淑广济夫人。宝祐间（1253—1258），封灵惠懿德妃。"这段文字记得明明白白，真真切切，神姓陈，汾阳人，宝祐间又受封。这部《仙溪志》成书于宝祐五年（1257），那它会记载眼前发生的事情吗？然而，不知何故，仙游人会将其讹传为临水夫人或法主仙妃。当然，民间信仰本来就应该由民间说了算，因此，这里仅述史实，不去否定民间各自的成说了。

三教先生

本名林兆恩，字懋勋，号龙江，以号行世，明正德十二年（1517）七月十六日生于莆田县官宦之家，万历二十六年（1598）正月十四日病逝，终年八十二岁。林龙江是明代杰出的思想家、哲学家、慈善家，抗倭爱国英雄、儒释道三教合一理论集大成者，世称"三教先生"或"先生"。因其曾在仙游倡道收徒，影

田圣府

响甚大，特别是仙游遭遇倭寇之围，幸得戚继光率师解救，此后，林龙江命其门下弟子到仙游收尸，深受仙游人感戴，故仙游境内信仰三教先生者甚众。

田公元帅

原名雷海青，唐玄宗时期著名宫廷乐师。其籍贯有多种说法，莫衷一是。莆仙人将其奉为戏神。相传，雷海青知音律、善歌舞，精通多种乐器。唐天宝十四载（755），安禄山叛唐，雷海青被捕。因雷海青是乐工，故安禄山命其演奏乐曲，但他不肯，竟然掷乐器于地，这激怒了安禄山，遂被处死。安禄山乱平后，雷海青被追封为唐忠烈乐官、天下梨园总管。后来，雷海青神游兴化（莆仙地区）上空，身后有面大旗，因雷字的上半部被云彩遮住，只现下半部"田"字，所以莆仙人称其为田公元帅。仙游鲤城街道龙井田圣府原是县里戏班总部，故此处田公元帅府名声最响。

杨公太师

本名杨延辉，为宋将杨继业第五子，俗称杨五郎，曾跟随杨继业征战多年，十分勇武，后在五台山出家。据《宋史》，杨延辉未曾任过太师，但莆仙人却要奉他为太师，其意莫详。相传，杨公太师是瘟部主帅，巡察瘟疫。在仙游，因枫亭麟山宫存有国家级非物质文化遗产——皂隶舞，杨公太师遂名声大噪，闻名海内。

张公

又称张公圣君，号慈观，道教闾山派道士，是福建省永泰县嵩口镇人。相传，张公拜许旌阳的数传弟子为师，学成归里。后来，他游走于永泰、闽清、尤溪、莆田、仙游等地，所到之处，皆行善事，故被民众拥戴。

五、民间文艺

仙游历史悠久，地灵人杰，创造出丰富的民间文艺。现在全县有2个国家级、12个省级、72个市级非物质文化遗产项目；省级非遗代表性传承人11位，市级非遗代表性传承人36位，14个市级非遗传习所。其中，传统古诗吟诵、游洋山歌演唱、咚鼓快板唱演奏、结婚闹房经文四句赞、古邑树叶吹奏、仙游独角戏表演、度尾鼓吹乐演奏、七支谱演奏、枫亭陈氏木偶戏、古琴弹奏等10个项目，素为群众所喜闻乐见，流行甚广。

在仙游，民间故事极其丰富多彩，其中，关于仙游风水故事，即"吃仙游，拉德化"；关于仙游人做官故事，即"蔡襄蔡襄，本府做官""莆田出卜死，不如仙游出一个郑纪"等，流传甚广，人皆能言。

仙游民间歌谣有兴化山歌、咚鼓快板"乞食（丐）诗"等，也为大家所耳熟能详，都能即兴来一两句。2017年，退休老师范金伟等人历经三年时间，搜集、编辑兴化山歌，取名《兴化古邑山歌》，正式印刷出版，引起了全县巨大反响。集中收录了《梁山伯与祝英台》《孟姜女》《三十六送》《陈经邦与麦煎》《孝顺歌》《红军歌》等山歌60多首。这些山歌七字一句，四句一韵，富有乡土生活气息和浓郁"莆仙味"，寄托了兴化山民的美好愿望和质朴情感。咚鼓快板"乞食（丐）诗"则是乞丐乞食时，为了讨得施主欢心，增强乞讨效果而演唱的诗歌。就其乞食诗演唱的艺术形式来说，有独唱，有合唱，有筒鼓伴唱；更早的时候，有的乞食者还牵着经过训练的小狗，踩着跷板打节拍；有的文化较高的乞食者行乞，或二三人，或三四人，组成合唱队，唱起乞食诗，远近人都会围拢去听……这里面，有唱历史的，如《民国史》乞食诗；有唱乡贤的，如《颂郑纪》乞食诗；有唱翻案的，如《梁祝喜史》乞食诗。它们无不表达了古代劳动人民的思想感情、意志，遂为仙游老百姓所喜爱。

仙游地方独有的谜语、谚语、俗语等，诙谐幽默，富有智慧，很能教化人。

仙游喊诗

度尾大鼓吹

十音八乐

句,又叫仙游赞句,源于汉代,代有传人。一般而言,在结婚、做寿、起厝上梁等较为喜庆的场合中,主人就会请人表演喊诗句,既搞活气氛,又表达祝福的愿望。这种诗句,基本是用方言打油诗的形式创作,具有民间歌谣的性质,多为民间普通人的作品,通俗易懂,乡土气息十分浓厚。在喊诗句时,有唱独角戏的,即单人一气呵成;也有互动型,喊者每喊一句,参加者就会齐声附和"好啊"。

仙游民间音乐源远流长。长期以来,仙游民间音乐发展创新,具有浓郁的乡土风情和民族色彩。例如,仙游群众所喜闻乐见的十音八乐、度尾大鼓吹等就颇有盛名,驰誉八闽。有一次,仙游组织县首届十音八乐会演,全县有200多支十音八乐演奏队参加,而度尾仅一个镇就来了100多个演奏队,难怪度尾能够保存素有"闽中雅乐,太古遗音"之称的大鼓吹。由此可见仙游民间音乐群众基础之扎实,度尾民间音乐氛围之浓厚了。度尾大鼓吹适合大型的迎宾庆典场合的演奏,很受群众喜爱,曾多次应邀参加省、市欢庆演出,被列入福建省第一批非物质文化遗产代表作名录。

仙游民间戏曲较为发达。地方流行一种古老的剧种,具有800多年历史,被誉为宋元南戏"活化石",叫兴化戏,又名莆仙戏。该戏以独特的莆仙方言演唱,保存了中国古汉语的大量信息,以沙锣、绰板、髹篥、梅花等古代乐器和板胡、镇狮大鼓等地方乐器演奏，表演形态古老而细腻，保留了傀儡戏科介动作。它保留着500多套锣鼓经，1000多支经典曲牌和5000多个传统剧目，其中宋元南戏剧目达80多种，还有大量新创剧本被搬上舞台，充满艺术创造的活力。莆仙戏中传统折子戏，有《琴挑》《瑞兰走雨》《百花亭》《果老种瓜》《千里送》《春江》等；传统剧目有《米烂思妻》《蒋世隆》《叶李娘》《朱弁回朝》《王十朋苦妻》《张协状元》《王允献貂蝉》《刘智远》等。创作改编在全国有巨大影响的精品剧目有《团圆之后》《春草闯堂》。后来，中国现代评选出十大喜剧，就有莆仙戏《春草闯堂》入选；十大悲剧，则有莆仙戏《团圆之后》和《秋风辞》双双入选。这彰显出莆仙戏的传统魅力与现代实力。

　　仙游民间舞蹈别具特色。九莲灯，全称九品莲花灯，是三一教的武道科仪。1956年，仙游县对这个舞蹈进行整理加工，从九品莲花灯的母体中提取智慧，创造出九莲灯（舞），巧妙地吸取了莆仙戏的传统叠、蹀、摇步等舞蹈形式，采用"旋灯"手法，比较自然地表现了生活的内涵和真挚。九位姑娘轻歌曼舞，唱道："百花齐放莲灯红，趁春光常识是东风，姐姐翩跹若惊鸿，妹妹婉转似游龙。莲九朵，变无穷，朵朵随人意，人花一片融。升平世界乐无边，九莲灯人巧胜自然，一盏彩灯一朵莲，灯光晃荡倍鲜妍，人与灯，共翩跹，疾徐皆中节，歌舞太平年。"歌声热情地歌颂了共产党为老百姓造福的丰功伟绩。这个节目，当时被选拔赴京会演，拍成电影艺术片，誉满京华。20世纪60年代，仙游人又创作了"木兰渔舟（舞）"，它反映了木兰溪畔社员的捕鱼生活，吸取了优美的民间舞蹈艺术，选用山区姑娘独特精巧的服装和"麦秸笠"，谱配古朴典雅的民间曲调，动作细腻，舞姿柔美，音乐绵绵留有余韵。这个节目曾参加全国业余文艺会演并获奖，影响深远。后来，总政歌舞团、北京部队歌舞团等文艺团体的音乐舞蹈专家，都曾慕名到仙游体验生活，学习、移植这个舞蹈艺术。

六、民间技艺

　　仙游民间技艺丰富，以仿古家具、六编六雕、国画、油画等技艺最负盛

出游

名，并形成了独特的工艺文化。其他诸如陶艺、纸艺、刺绣、彩绘、木作营造等传统手工艺，也声名在外，富有特色。1953年，仙游古窑址被发现，这里遗留有青瓷、青白瓷及黑瓷标本，以及一些文字资料记载，都可证明仙游陶瓷工艺历史悠久。因此，仙游从事陶瓷工艺的人员重拾信心，继续深入研究，终于继承并发展了属于仙游特有的传统手艺，使产品畅销国内，远销欧美。

仙游古典家具制作有着悠久的历史，北宋时期，因此地人文大兴，士大夫对家具的需求量激增，这促进了仙游家具制作的更新与发展。后来，随着中国经济中心的南移，特别是南宋迁都临安之后，仙游依托武夷山丰富的自然资源，其家具制作不断发展壮大，时至今日仙游已经发展成为国内最大红木家具生产基地。

仙游六编六雕久负盛名，其"六编"是指竹编、藤编、芒编、草编、棕编、塑料编，榜头镇的溪尾村、游洋镇的龙山村最为著名，编织工艺主要有花盘套、吊篮、提篮、鸟巢、鸟篮等，共有上千品种。这些工艺品做工精巧，古色古香，型美色佳，雅俗共赏，仅榜头溪尾就有2000多人从事"六编"生产与销售，占全村人口一半左右。每年广交会，溪尾村20多家个私企业与外商签订供货合同额达上千万元。而"六雕"则是指木雕、竹雕、石雕、铜雕、骨雕、仿玉雕。其中，仙游木雕尤为著名，它以精微透雕、刀法丰富而闻名，圆雕、透雕是其主要雕刻方式。目前，全国最大《双狮戏球》石雕大香炉获得国家优秀奖；轰动新加坡的《海上女神》妈祖木雕神像是仙游为福建赴新加坡考察团设计的。

仙游纸艺，包括纸扎、折纸、剪纸等。其中，纸扎常用于宗教祭祀，如糊纸人、纸马、纸船、纸灯、纸轿等。折纸则主要是折些纸钱、金元宝之类。这些虽难登大雅之堂，但在民间的红白喜事中使用广泛，市场很大，传承人物不少。仙游剪纸运用范围广泛，举凡民间灯彩上的花饰，扇面上的纹饰，以及刺绣的花样，等等，无一不是利用剪纸作为装饰或再加工的。同时，剪纸还可以作为装饰家居的饰物，美化居家环境，如门栈、窗花、柜花、喜花、棚顶花等，也会用到剪纸。因此，仙游纸艺甚是发达。

仙游刺绣，其源甚古，主要得益于为莆仙戏的戏装服务，给宫庙菩萨绣服装，做帐帷、桌帷、旗幡等，故能传承有序，从未间断。民间刺绣历史悠久、工艺精细、款式新颖、花色齐全，产品远销亚、欧、美的20多个国家。而今，机器刺绣被广泛使用，纯手工刺绣渐渐就有濒于失传的危险了。

踩街

仙游彩绘，它发端于唐代，凤山无尘塔的塔内装饰便是实物例证。在现存的宋代古建物中，如仙游文庙、枫亭三妈宫等都留下大量的先人彩绘作品。仙游彩绘技艺的主要特征是：构图丰富，色彩艳丽；技法独特，永不褪色；应用广泛，美化生活；技艺精湛，艺术品位高；该技艺具有传承性、工艺性、实用性的鲜明特征。相传，清代乾隆年间，盖尾镇李十六经过艰苦学艺，成为当地著名的彩绘艺人。此后李氏家族代代相传，彩绘工艺成为这个家庭的营生依靠，并逐渐形成了在莆仙地区较有影响的一种代表性技艺。

仙游木作营造技艺，是中国传统古建营造技艺的一种，擅长柱槽斗拱与榫卯结构，能在木作中融合雕刻与绘画艺术，营造富丽堂皇、巍峨壮观的古代宫殿式寺庙、府第等建筑；其梁架支柱、榫卯结构、槽拱驼峰等技术，更是在我国古代宫殿式建筑营造技艺中独具特色。清乾隆年间，仙游名匠郭怀受朝廷工部左侍郎邹奕孝赏识，多次随其入京参与宫廷建筑，因而深谙明清传统木结构营造技艺。后来，郭怀在大济洋塘村授徒传艺，专心从事古建木作营造技艺的传承与创新，在木雕工艺的基础上发展古代宫殿、寺庙之木作营造技艺，从而逐渐形成了以"洋塘古建"为代表的仙游古建木作营造传统技艺。

乡村风光

第三章 『梦文化之乡』的表现形式及传承

第一节　梦文化的民俗活动

一、仙游正月初三做寿

仙游有个与别地不同的做寿风俗，这就是老人年满五十岁那年，以及以后逢"十"，不管是哪月哪日出生，都要在当年的正月初三做寿，办宴席，大宴亲朋好友。相传，这与九鲤湖仙梦有关。

据说，从前仙游有位秀才的母亲，因病眼睛突然失明。这秀才可是一位出了名的大孝子，他为医治母亲的眼疾，放弃上京赴考，四处求医。可惜，寻求多年，就是不能见效。后来，他听人说九鲤湖仙梦甚是灵验，便特地到九鲤湖祈问眼药。当夜，秀才梦见仙公说："人进山来寻白水，治愈原在祠后喜。"

第二天，秀才醒来，细推梦中仙公的言语含意，便到祠后找药。他见祠后有口泉眼，泉水清澈透明，许多人都来这里取水。听旁人说，这是一口仙泉，可治好多种病，而且不管天气如何干旱，它都不干涸。

秀才听了，心中不免大喜，原来他听到"仙泉"两字，马上就想到昨夜梦中仙公所说的"人进山来寻白水"这一句话。"人进山"应是"仙"字，"白水"即为"泉"字，两字合则为"仙泉"。他祈求的是眼药，仙公指点他到祠后来寻找，显然仙泉就是眼药，因此大喜。他即刻装了一瓶，赶回家去。

秀才回家这天正是正月初三，而这一年他母亲刚满70岁。当村民听说秀才从九鲤湖祈梦回来了，还取回了仙泉为老母治眼，遂纷纷到了秀才家，一则听听祈梦新闻，二则看仙泉到底长啥样。

谁知，秀才用泉水来抹洗母亲的眼睛，却不见好。正当大家焦急之际，听得有人从门外说"我迟贺喜来了"。大家一看，原来是村里老医生。他听说秀才取回了仙泉，边说边进来了。

老医生见秀才直接用泉水来抹他母亲的眼睛，赶快说："不对，不对！"说完，就吩咐端出空碗来，把带来的一包面粉倒进碗里，再把泉水倒入搅拌，弄成湿面团后，敷在老太太眼上，然后又吩咐把泉水煎茶喝下。过了几个时辰，老太太的眼睛果然痊愈如初，大家不禁为神奇的仙泉欢呼了起来。

之前秀才听老医生说"迟贺喜"时，不禁一愣，现今见母亲眼已复明了，才想起仙公在梦中告诉的另一句话："治愈原在祠（迟）后（贺）喜。"原来仙公这句话是双重含意：前一句意思是指点他寻得仙泉的位置，后一句意思是暗指治愈母亲眼病的事应在"迟来贺喜"的老医生身上。

秀才感谢九鲤湖仙公指点眼药，感谢老医生治眼有方，治好了母亲的眼睛。于是，他就隆重地向老医生送了重礼，当时乡村中最贵重的礼物就是猪脚。因老医生进门贺喜时是带着面粉来，而秀才回送的是猪脚，所以人们就以"送面回猪脚"这句话来表示礼尚往来，在长久的流传中，就成了仙游地方上的一句俗语。此后，村人以秀才为榜样，定正月初三为做寿孝亲之日，相沿成风，竟成仙游县独一无二的民俗。

二、榜头午时水

相传，汉武帝时，有江西临川何氏九兄弟辞父归隐，他们一路南行，先到福州于山，遂在山上留下圣迹。后来，他们转道莆田（那时莆田未置县，仍属福州地界）境内，但没有找到如意的藏身之所。因而，他们又继续向西挺进，直达仙游塔斗山脚（那时仙游未置县）。这时，海风轻轻吹，海浪轻轻摇，鸟语花香，何氏九兄弟心旷神怡。于是，他们相携登山，极目远眺，海天一色，苍茫辽阔，甚是动人。对此，何氏兄弟九人一拍即合，当即取山上的枫枝为料，结枫为亭（此为枫亭地名的由来），拟在此定居下来。可惜，塔斗山地理位置及其风景固然好，但它既靠海边，又接近陆路通道，并非久留之地。有感于兹，何老大便放眼四望，发现塔斗山北面崇山峻岭，紫气氤氲，是理想的藏身之所。就这样，何老大决定带着弟弟们向枫亭北部前进了。

起初，何老大带着弟弟们从枫亭出发，见长岭山峰峭拔，颇有生气，遂绕道登临。然而，当他们到达长岭山顶时，发现这里格局太小，难以大成，便继续北上了。他们九兄弟当中，除了何老大有一目能视之外，其他八人都是双目失明，是故行走不便，也十分缓慢。后来，他们走得实在太累了，就在赖店地界休息了一会儿，这便有了留仙胜迹。当时，何老大又见西北边祥云五彩，景象殊胜，他又做主，带着兄弟们到了龙华仙门山。相传，曾有化鹤仙人游于此，以手指石，石裂开为门，故名仙门。本来何氏九兄弟想安居此地，但一日化鹤仙人于梦中告诉何老大说："尔等利在东北，莫在此间流连。此去遇溪则洗，逢湖即住。倘能潜心修炼，必定名列仙班。"次日，何老大将梦境告诉弟弟们，他们个个心花怒放，喜形于色，纷纷建议："那就去吧，那就去吧！"

于是，何老大又带着八个弟弟下山，径向东北进发。途中，他们遇到一条大溪，顿时想到化鹤仙人的指示，遂纷纷下溪洗澡，去一身尘垢。后来，这条溪流就被境内的百姓亲切地称为仙溪（今称木兰溪）。那时，仙溪水流湍急，没有桥梁，难以涉渡。何老大又就近取材，伐竹扎筏，分批过溪。待兄弟九人都登岸后，他们又继续向东北前进。谁知，他们才走一两个时辰，又遇到一条小溪。刚才在仙溪时，他们已按化鹤仙人指示，全身而浴，只是没什么意外收获。这次再遇到一条小溪，要不要洗呢？对此，兄弟九人是有争论的。最后，何老大发话了："古训有言：'既来之，则安之。'昨夜仙人在梦中只是告诉我'遇溪则洗'，这洗的意思有多层，洗澡是洗，洗脸也是洗。既然我们刚才已经洗过澡了，到此擦把脸，也未尝不可啊。"余下八人闻言，异口同声地称赞道："这个有理。"就这样，他们纷纷下溪捧水洗脸，好不畅快。不料，他们才洗过脸，刚要叹言"痛快"之际，忽觉眼前一亮，万物分明，原来这溪水竟然是仙水，有洗睛复明之功效。其时恰好五月初五日正午，因此后来这里的群众每逢端午节就会到此取水沐浴，并名此溪曰仙水溪。

第二节　梦文化的传承发展

传统习俗的起源，大多伴随着美丽的传说故事，凝结着群众的集体记忆，表达着群众的情感体验，虽历经岁月的淘洗，但仍沉淀出我们今天所见的模样。当我们行走在仙游的城镇郊野，无论是普通百姓的街谈巷议，还是政府倡导的文化活动，无不向我们展示着九鲤湖祈梦文化的特色魅力。

一、梦文化的信仰支撑

（一）梦神崇拜

梦是人类在睡眠状态下所发生的想象活动。人类在清醒状态下，可以从事各种各样的活动，接触客观外界环境和各种事物，由此获得大量的感性材料，然后经过大脑的加工，就成为各种经验和表象。然而，在睡眠状态之下，这类经验和表象中的某些部分可以在人脑中重

九鲤湖祈梦圣地

现，这就构成了梦的内容。可是，远古时代的先民无法认识梦的来源和形态，便借助原始思维，将梦与"神启"联系在一起，遂有梦神的概念。这种观念的流传，使得后人对梦怀有一种特别的神秘感，从而有了对人格化和神化了的具象梦神的崇拜。

（二）巫术崇拜

巫术作为宗教的一种形式，以信仰和崇拜某些超自然的神灵为前提，并按照个别人或某些人的愿望，以一定的方式，作用于超自然的神灵或其他人。由于远古先民对各种自然现象及自身同自然界的关系无法正确理解，遂产生了万物有灵的观念，并相信万物精灵有善恶之别，善者造福于人，恶者降灾于人。那么，为了趋吉避害，始有从事种种祭祷巫术活动，诸如治病、诅咒、占卜、祈雨、祈福、禳灾等等。

事实上，巫术是人类文明的起源，同时也持久地存在于人类文明的历程中。即使在现代社会，巫术也并没有消亡，一方面它仍然以活的形态存在，另一方面深刻地影响着世界各地的民族心理和思维方式。九鲤湖祈梦文化一直盛

行不衰，皆因有其长久滋润的土壤存在。

（三）仙道信仰

自从中国道教创立之后，与道合真成了道教的终极信仰，得道成仙则成了道教徒终生追求的目标，道教徒之所以要以神仙作为人生之最高理想，其原因在于神仙对于我们而言是长久的，完全超越了自然和社会的约束，其神通广大，无所不能。

《南华真经》载："朝菌不知晦朔，蟪蛄不知春秋。"朝菌和蟪蛄的生命是极其短暂的，和人的生命长度远远无法相比。又说："藐姑射之山有神人居焉；肌肤若冰雪，绰约如处子；不食五谷，吸风饮露；乘云气，御飞龙，而游乎四海之外。"以此说明人与神的巨大差距，神仙境界超脱世俗物质名利的牵累，而人类却在物质名利中争斗，人即便有名利加身，却难免百年的无常，所以平常人热衷追求的物质享受，不是修道人所崇尚的目标。

仙道信仰反映了中国人对生命境界的积极探索，道教的许多方术技法为人们提供长生延年的门径。九鲤湖祈梦文化历经千余年的信众推崇，深刻影响着信仰者的心灵。

二、梦文化的传承方式

（一）行为传承

九鲤湖祈梦习俗源远流长，是九鲤湖旅游文化的一种奇特现象，其信众主要分布在莆田、仙游、福州、闽南的厦漳泉及东南亚一带。祈梦文化发轫于唐，勃兴于宋，鼎盛于明清，延绵于民国，重兴于当代。

在唐代，由于仙游置县不久，典章文物不繁，许多重大事件都缺记载。不过，幸好有诗文传世，故九鲤湖祈梦盛况还是约略可以窥出端倪。诸如许稷、陈乘、郑良士等人诗句皆是不可多得的珍贵文献。其中，郑良士"赋诗独坐"的祈梦故事更是传为美谈。

五代十国时期，兵荒马乱，南北阻隔，福建偏居东南，后自立为国，是为闽国。在此期间，奔赴九鲤湖祈梦的善男信女仍然络绎不绝，其中徐寅和陈洪进更是其中的佼佼者。徐寅是晚唐至五代间人物，因《人生几何赋》"臣宁

无官，赋不可改"的铿锵声音而扬名海内，令人钦敬。他曾到过九鲤湖祈梦，并写下了《春入鲤湖》的动人诗篇。后来，功名未大展的陈洪进到九鲤湖祈梦时，喜得佳梦，于是在景区内留下了"化龙洞"的动人故事。

在宋代，仙游衣冠蔚起，人文大炽，以蔡襄、蔡京、蔡卞、叶颙、郑侨、陈谠为代表的人物唱出了仙游最强音。与此同时，莆仙之地重新分割，形成鼎足而三的庞大阵容，故有兴化之称。其间，九鲤湖祈梦习俗再添神异，兼可祈雨，甚至惊动天听，得到朝廷褒奖。像蔡襄遇奇、陈俊卿的"功名在黄公渡（度）口"、梁录祈雨、陈文龙梦到大殿分食等，均为奇人奇事。值得一提的是，大书法家、清源郡侯陈谠率先记录九鲤湖祈梦故事，美其名曰：《梦记》，这是九鲤湖祈梦习俗的文化盛举，是后人研究九鲤湖祈梦文化重要的参考资料。

在元代，心中苦闷的士子更热衷于到九鲤湖祈梦以预知未来。其中，"出元代三十大家之上"的泉州惠安人卢琦游九鲤湖的祈梦诗堪称这个朝代的典型。其诗曰："朝跻何岭头，暮憩何岩陬。平生尘迹未能到，今夕何夕登斯楼。九仙跨鲤升天去，药灶丹炉几今古？白云满地孤鹤闲，怪木拿空老蛟怒。青山四面相萦回，流水百折声如雷。苍烟长挂屋上树，细雨忽落庭前梅。梅花似笑客来晚，客来洞底春犹浅。躐蹬安知步履危，采芝自觉心期远。十年铅椠误此生，愿借一枕通仙灵。中宵梦觉肌骨冷，似闻玉笛空中鸣。曙色催人赋离别，袖拂松梢坠残雪。相期整履来重游，共濯沧湾弄明月。"

明清之间，九鲤湖祈梦之风尤为强劲。诚如明代户部尚书郑纪在其《仙梦辩》中所描述的："由莆而闽，而天下，靡不闻风而翘想之；士大夫游宦兹土，莫不函疏叩关而至。"由此可见九鲤湖祈梦习俗流传的盛大境况了。在此期间，莆田隐士黄孟良、孝子刘闵，状元林环、柯潜、舒芬，园林学家王献臣，书画家唐伯虎，大旅行家徐霞客，康熙年间大政治家、大学士李光地等先后到九鲤湖祈梦，皆有所得，均成佳话。还有冯梦龙、朱彝尊、纪晓岚等人都曾撰文关注九鲤湖的祈梦现象。更有甚者，在万历年间，还没超出30年，就接连编出三部《九鲤湖志》。至于九鲤湖成为反清复明的秘密联络点，则更为九鲤湖祈梦文化增添异彩。

民国时，国民政府要员严家淦、李宗仁都曾到九鲤湖祈梦，而张大千、徐悲鸿、仙游画派领军人物李耕等知名艺术大师也先后到过九鲤湖。

（二）口头传承

关于九鲤湖风景之美、祈梦之灵，一直以来人们口耳相传，深入人心，各地游客、香客不辞辛苦，络绎而来。其口头传颂的事物，多是九鲤湖祈梦的梦验故事，因为神奇，遂流传不断，广为人知。除此而外，九鲤湖美景传说也传唱不衰，远近驰名。

1. 仙泉

传说在九鲤湖炼丹济世的何氏九兄弟修炼已臻圆满，即将升入仙班。何老大为报答仙溪仙水使他八个弟弟双目复明，于是，把自己眉宇间的眼睛变成一泓清泉，留于九仙祠后的山坡，这就是"仙泉"。还有"仙泉"疗眼疾的传说，随着旅居的华侨传遍东南亚各国。

2. 九仙观与蛤蟆穴

九仙观又名九仙祠（显灵庙），祠位于九鲤湖北岸，坐西北向东南，建在一片巨石上，岩底中空，与湖水相通，乃神龙居处，古人称为"蛤蟆穴"。早在唐代末期，招讨使张濬在其《题九鲤湖》诗中描述道："松高玄鹤舞，湖润老龙翻。"到了南宋淳熙年间，太守朱端学作《祷雨九鲤见龙》之文，郡贤良刘夔作《九鲤湖新敕额记》，皆详述九鲤湖祷雨见龙始末。后来，南宋晚期文坛领袖、辛派词人重要代表刘克庄在咏九鲤湖时，曾这样写道："凡是龙居处，皆难敌此泉。"

3. "抹嘴皮"由来

"抹嘴皮"是由九鲤湖祈梦中的一个习俗演绎而来的。相传，当年何氏九兄弟刚到九鲤湖时，屡受范侯掣肘，却从不计较。后因范侯误吃未炼制成的烈性仙丹，何老大即以白鹇之血救之。范侯醒转后，为了报答何氏九兄弟救命之恩，他发誓甘愿侍立案右，做其通梦官。尔后祈梦者就以白鹇之血抹在范侯神像的嘴唇上，请求他通梦辞。由是"抹嘴皮"之法盛传，竟蔚然成风，从而融

入仙游民间，成了一种说法。

4. 陈洪进与化龙洞

相传，仙游人陈洪进听闻九鲤湖仙梦奇准，遂只身登临九鲤。谁知，他纵是武将出身，也架不住长途跋涉。当他从枫亭走到九鲤湖时，已累得气喘吁吁了。因此，他就地休息，端坐于祈梦楼右侧。此刻，阵阵凉风吹来，好不惬怀。大概是疲极犯困的缘故吧，仅几阵凉风过去，洪进竟至怡然闭目，神游太虚了。只见他化为青龙，一飞冲天，然而，才飞六七里，就听到有人在喊叫，他被一吓而醒，原来是南柯一梦啊。太平兴国三年（978），洪进纳表归顺北宋朝廷，被太宗皇帝封为武宁军节度使、同平章事，留京师奉朝请。翌年，随太宗皇帝一起攻取太原，灭北汉。后因功受赏，被封为杞国公，时人称其为化龙之兆。于是，九鲤湖遂名洪进坐处洞穴为"化龙洞"。

化龙洞

5. 玄珠石

九鲤湖九仙祠下有一块引人注目的鸡心形奇石，传说那是何氏九仙遗留下的丹珠。石上刻有"玄珠"二字，颇具风骨，据林有年主纂的《仙游县志》载："玄珠石，在九鲤湖南，其色黑，形圆如珠，故名。兴化同知李翱刻'玄珠'石。"

玄珠

6. 湖光亭轶闻

九鲤湖风景名胜区原来有个湖光亭，坐落在九仙祠东面蓬莱石西侧附近。后唐伯虎祈梦，梦见在湖光亭中九仙送他一担墨。此后，唐伯虎专心书画，其山水人物画，被称为神品。后听闻王献臣之事，便也按记忆中的九鲤湖湖光亭的模样，在老家建了一个"梦墨亭"，作为对九鲤仙公赐梦的纪念。如今人们若想知道湖光亭的样子，只能到苏州去观看梦墨亭了。

7. 张谦与水晶宫

明嘉靖以前，九鲤湖并没有水晶宫。嘉靖二十七年（1548），浙江人张谦来到福建任宪副。一次，他听说九鲤湖祈梦甚是灵验，遂慕名而至。梦中西海龙王为其孩儿喊冤诉苦，恳请为其做主。张谦醒来后夜观《九鲤湖志》，发现确有其事，为弥补前人过失，张谦次日回到住所便拨款为其在九鲤湖建了一座水晶宫，宫中既祀九仙，又祀西海小白龙（西海龙王之子）。

榜头灵山三清宫

8.九鲤飞瀑

九鲤湖素以祈梦和瀑布驰名天下,其中,九鲤飞瀑更被明代著名的旅行家徐霞客盛称为"即匡庐三叠、雁宕龙湫,各以一长擅胜,未若此山微体皆具也"。然而,九鲤湖瀑布有九漈(各名为雷轰、瀑布、珠帘、玉箸、石门、五星、飞凤、棋盘、将军),但能阅尽九漈之奇者,据明陈文烛介绍:"汉唐宋来,游九漈者,止三人,莫得其姓名,盖地仙也。"由是可知观遍九漈之难了。近现代以来,九鲤湖风景区大开发,为了游客安全着想,护栏广设,险处则禁,因此,有人想览彻九漈又难上加难了。如是说来,能作《咏九漈》诗者,堪称奇才了,至于能历遍九漈者,不敢说一定就是地仙,但肯定是个福泽深厚之人了。

(三)书面传承

九鲤湖祈梦灵验的盛誉传出后,引起文人学者的关注热情,他们纷纷将听来的梦验故事记录在册,传于后人。而今,我们能够找到最早记录祈梦故事的书籍是南宋陈说撰写的《梦记》。由此而后,有关九鲤湖祈梦故事的书籍越来越多,影响越来越大。其中,有志书类的,如《仙溪志》《八闽通志》《九鲤湖志》《仙游县志》;有文学类的,如《异梦类征》《耳谭》《见闻纪训》《客窗随笔》等;还有谱牒类的,如《郑氏家谱》(记载郑良士梦)、《康氏家谱》(记载康雍梦)等。由于康当世所编的《九鲤湖志·梦验》记载尤为精详,特将其内容抄录于下:

将军亭

1. 郑良士,仙游人,少有词藻。一日,祈梦仙水庙,梦仙人书一对示曰:"选举无门,赋诗独坐。"郑醒,怏怏不乐。后,果屡举不第。至景福二年,献诗五百首,授四门博士。历御史中丞以归。始悟独坐为三独坐也。

2. 莆田陈俊卿为布衣时,谒九仙庙问梦。梦仙人谓之曰:"前程在黄公渡口。"不知何谓?翌日,郡人黄公度至,陈悟,语之故。黄曰:"若问我,我中状元,汝中榜眼。"陈曰:"何尊己而卑人?"黄又曰:"汝状元,我榜眼,可乎?"绍兴八年,黄果中状元,陈榜眼。时同谒帝,帝曰:"卿乡土有何奇,辄生二卿?"黄误其问土宜,对曰:"子鱼紫菜,荔枝蛎房。"陈乃对曰:"地瘦栽松柏,家贫子读书。"帝喜,指其名曰:"公度不如卿。"即改陈为状元,黄榜眼。则公度前后之言,俱验矣。

3. 莆方大琮同友五人谒仙祠,四人俱得梦,独大琮无。次早还,途至一店买酒。大琮不喜酒,只命汤饼进酒。媪熟视大琮,贺曰:"昨夜梦仙水舍人到店中，语云：'来早汤饼官人正是大官。'"众愕然。后，大琼果官台省，历广东经抚史。

4. 邑人李梦龙解试祈梦仙祠，梦仙人有"荷叶连昆季"之语。后与弟梦强、梦能同为莲幕官。

5. 邑人王迈丐梦九仙祠，梦登阁上，中设席帘，为四龛，迈据其首。俄有童子至，谓迈曰："左右当坐第四。"遂醒。次年，果荐第四。

6. 蒋有秋亦仙邑人，少名遇，偕昆季谒何仙，梦一童子捧牌，题四字曰："解是名有。"蒋悟，更名有秋，遂预荐。

7. 莆林梦协以功名谒仙祠丐梦，忽梦有人在门外云："潇潇风雨，仅有此卷；衮衮声名，定占上魁。"后，梦协补入太学，登文天祥榜进士。

8. 陈文龙，原名子龙，俊卿玄孙也。丐梦鲤湖，梦到广厦，若帝殿然。设榻赐食，有签羹三分，陈坐其中，复有两人坐其旁。至咸淳四年，子龙唱名第一，御笔改子龙为文龙，御赐三魁食，俨然如昔梦。授宣义郎，调签书镇东军。

9. 莆林环未第时，祈梦九鲤湖，梦仙童遗以犬头半片。是岁登荐。明年，永乐丙戌状元及第。乃悟片犬为状，头为元。

10. 莆林文与二窗友同乞灵九仙祠，各梦有人云"金马玉堂三学士"一句。后，文果登宣德五年第一甲第三名，官侍讲学士。而二友尚为诸生，再谒仙祠，质以前梦，复梦有人曰："二公何不玩下句耶？"乃悟下句为"清风明月两闲人"。后，二生竟以处士终。

11. 莆柯潜未第时，祷于九鲤仙祠。梦与众宾客宴饮，宰夫独献一羊头于柯前。后，景泰辛未科，柯果状元及第。

12. 莆朱煜未有子时，以子息、寿数二事乞梦仙祠，梦门生周方伯瑛以联句云："先生台寿，年登七七；令子科名，喜见双双。"后，生二子，朱恺、朱悌，连登成化乙未、戊戌进士。煜寿果七十七卒。

13. 朱海以弘治元年任兴化郡丞，因夫人又妊，求梦于九鲤仙，卜男女。梦仙人持一科举案，朱视之，惟一魁字。后果生男，即命名魁儿。稍长，资亦颖，朱谓必贵。乃甫二十，得危病，魁儿自悟，曰："'魁'字，二十鬼也。"吾休矣！果卒。

14. 莆林弥宣为诸生时，谒梦鲤湖。梦一人语之曰："功名远到，子孙联登科甲。"后，弥宣官清远训导。子少参塾，孙司马中丞富，曾孙司理万潮，玄孙主政兆金、太守兆珂俱进士，兆箕、兆玩俱乡荐，兆箕官别驾。

15. 吴门唐寅，字子畏，一字伯虎，少有逸才。发解应天，后坐事废。自吴至闽，谒九鲤仙祈梦。梦有人示以中吕二字，归以问余曰："何谓也？"余亦莫知其所指。一日，过余山中，壁间偶揭苏东坡《满庭芳》词，下有"中吕"字。子畏惊曰："此余梦中所见也。"试诵之，有"百年强半，来日苦无多"之句。子畏默默然。后，卒年五十三，果应百年强半之语。

16. 弘治甲子，当大比，九仙观道士梦仙人言："黄一林二，粥桶门内，希武出来，解元便是。"道士物色，至黄如金家，见门内有粥桶，大叫："希武先生。"如金出应曰："希武是我自字，未曾闻于人，汝何由呼之？"道士因述梦语。是科，黄果八闽第一。

17. 莆田康雍，字祥懋。少以文学自负，谒九鲤仙祠卜功名就否，梦仙人语曰："政逮于大夫。"公喜，益孜孜向学，人亦往往以大夫期之。后竟无所成名，而子孙业儒又不验，常谓梦非耶。暨嘉靖乙卯，曾孙云程领乡荐，方悟仙人隐语，而四世之事已前知之矣。

18. 楚人邓朴尝入鲤湖祈梦，梦仙人曰："蝴蝶花丛戏，功名在竹间。"不省所谓。已领乡试时，邑令简宵之鄂城，阻雪过其家，邓避不出，简衔之。后，简以大中丞镇浙，而邓方倅其属郡。九月，菊盛开，蝴蝶满廨宇，邓方与僚友张席赏之，而军门牒下，乃部民讼邓词也。邓即日挂冠，方悟"竹间"乃"简"字也。

19. 莆林侍郎富谒梦，梦一人语之云："快打马，做三十年好官。"已而，弘治戊午领乡书，登壬戌进士第。历宦三十年，至少司马，总制两广。

20. 莆神童戴大宾，年十三，魁闽省，祈梦九鲤庙，卜会试。梦至南京之西，行到一所，见井二口，冉冉一大木，须臾一斜日升京师之中，而已在日后行。觉以语人，俱未解。是科为正德戊辰，大宾第一甲第三人，时状元吕楠，榜眼景阳。始悟井二口，一大木者，吕楠也；斜日升京中者，景阳也。吕陕西人；景，南京人；而已在日后行，皆验也。

21. 莆刘勋、林若周做秀才时，同入鲤湖问梦，俱梦仙人语曰："尔功名，问松岭下老妪便知。"二公偕往，及至岭，果有主人婆在。林先揖问，妪曰："读书人须中举，中进士，作官作御史。"林谢而退。刘复进问，妪只曰"汝都"二字。意盖同前两句也。后，二公俱登进士，林官御史，以议礼落职；刘位至都御史。

22. 进贤舒芬为孝廉时，远谒仙祠，五夜无梦。舒题于壁曰："千里寻真意亦虔，五宵无梦竟无缘。神仙不识人间事，归去挥毫作状元。"行至莒溪，倦而假寐，梦一叟谓曰："千里寻真未是虔，五宵无梦岂无缘？仙人不泄人间事，归去挥毫作状元。"已，芬果登正德丁丑状元。

23. 闽人刘世扬早有乡誉，锐意魁天下，祈梦九鲤，梦仙人谓："今年状元属国裳。"刘欲改名曰国裳。已而，会试果有名。及胪唱，状元舒芬，字国裳也。且"属"与"舒"音近。刘后与舒语梦，共叹科名高下，不可强也。

24. 莆廖梯问梦鲤湖，梦枯木高尺许，以箴箍之，回首又见日落西山。廖得梦邑邑。圆梦者曰："梦佳甚。夫箴圈箍木，乃困字也。日落西山，无多日也。先生困无多日矣！"明年，果登乡荐。后，成进士，官知府。

25. 莆林茂竹做秀才时，祈梦仙祠，梦仙人曰："此子亦参知政事。"后，茂竹登正德丁丑进士，官至广西参政。

26. 吴门文徵明父林守温州，令人持疏至九鲤祈寿数。梦仙人云："孔老人之言即是。"人归语林。明日，有老人告曰："命所解之木，共得五十六片，内三片朽，无用。"林问："汝何姓？"曰："姓孔。"林大骇，后果年五十三卒。

27. 慈溪姚涞，正德丙子以诗魁乡榜。其父镆，时官闽督学，为涞丐梦于九鲤仙，梦乘一舟行小河中，忽有一船当面而至，舟人曰："且莫摇来，仔细看撞头。"其船已远。又一船值潮退阁浅，前船连声叫曰："摇来，摇来。"后船答曰："我船见作阁老，如何摇得动也？"镆觉，大喜，谓："'摇来'，即姚涞也。且有状头阁老之兆。"至嘉靖癸未，涞果为状头。后，镆官尚书，卒。涞官侍郎，卒。或谓仙梦半验半不验。识者谓："尚书、侍郎，古亦称国老故也。"

28. 长兴臧损斋，名应奎。少时，有母舅宦游闽中，托祈梦于九鲤湖，用卜一生穷达。其舅特往祈焉。梦神语曰："正去采丝瓜，忽见赤羊三个系在园中吃草。"觉而述其言以复，然莫可详解，漫不留念久矣！迨正德丙子，损斋偕弟应壁赴试于杭，俟舟于回回坟旁，有废圃一区，圃中有丝瓜棚，瓜垂垂焉多，损斋漫就而采之。转盼间，忽见三羊系藩，毛色皆赤，损斋乃大惊，诧呼其弟曰："昔梦云云，今果验矣！"然不知其何兆也。是岁，损斋中乡举。明年，试礼闱，中式。与余为同年，间以语余如此云。

29. 兰溪方太古既释父母丧，终身缟素不缊。始奉母丧，衬祖兆，族豪发之。邵按察宝法豪归葬地。太古不忍，则卜梦九鲤湖。神人告曰："满庭玉山。"其兆吉。及得兆，则里人山庭玉其名也。

30. 莆刘闵母朱氏有孕，其父祷梦仙宫，见仙人语曰："孝哉！闵子骞。"已而，生男，因名曰"闵"。后果以孝闻。同郡林司空后疏荐闵于朝，谓其可以布衣入侍。郡守陈效亦疏上其孝，诏授晋江教谕。

31. 莆吴大田做秀才时，祈梦九鲤湖，梦仙人授四字曰："有教无类。"不知何故。后，以乡荐署教职，迁兴府伴读，侍世庙潜邸。及随扈入继大统，累进工部侍郎，荫三子，有教无类验矣。

32. 莆林方伯应标未遇时，谒梦仙祠，梦仙人语曰："一箭穿杨，梨岭题名孙继祖；两科及第，桂花香里弟联兄。"已而，林登甲第，官至方伯。其长子灿章、六子炡章皆后先成进士。

33. 福州林廷棉未第时，往仙祠丐梦，梦见一牌匾上半大书一"司"字，下半空白无字。圆者曰："公异日位至大司空矣！"后果然。

34. 莆黄金，有才名。一日，求梦九鲤仙，直语之曰："壬午举人，癸未进士，官至布政，五五致仕。"黄大喜，曰："科甲联登，外僚极品，五十五致政，足矣！"后，壬午、癸未果联捷，观吏部政五十五日，卒。

35. 莆林大中祈功名于仙祠，梦有人曰："汝知五八之数如何算？"林觉，自谓四十方显。及期，入试，有冯太守业收卷，而林适为守西宾，此必中矣！顷之，卒。盖林无功名，乃以数示之也。极奇。

36.莆黄应升未遇时，谒九鲤祈功名，梦仙人示以"独占鳌头"四字。至癸卯，应升以儒士道试，所坐之卓（桌）上有"鳌头"二字。是岁，即预荐。后，官至刺史。

37.郑生，名启，庚子科求梦仙祠，梦仙人谓："今年解元，郑启莫言。"郑得梦，以发解自负，谓仙人命己勿露耳。既揭晓，榜首乃郑启谟，始知"莫言"之意。

38.林方伯应标往仙祠问诸子功名，至第六子烶章，梦有人诵："子男，同一位。"后烶章位亦至方伯。

39.莆田康尚书大和为邑诸生时，祈功名于鲤湖，梦一和尚，躯干甚伟，手执一部书向南读之。觉，不知所谓。后，登嘉靖甲午乡荐，乙未进士，拜官翰林。至迁编修时，尝谓梦无所验，因著《梦解》。嗣进学士，升侍郎，转南大司空，始有圆者曰："公昔梦无他物，惟一大和尚，惟一书，凑合则'在和尚书'明矣！南部者，向南之验也。"

40.晋江陈让，嘉靖辛卯科往九仙庙祈秋试。是夕无梦，独庙中道士梦仙人吟唐诗一句，曰："前度刘郎今又来。"仍令道士曰："尔以此句告陈秀才。"道士觉，以语陈，皆不知所谓。及揭榜，陈中解元，方悟前科解元乃刘汝楠也，故以"今又来"告之。（出《异梦类征》）

41.莆陈应魁父淮，往仙祠谒梦，梦见一巨石，下有一母鸡引十八雏，不知谓何。后，应魁登丁酉乡荐，名在石华岳下，时年仅十八耳。

42.福州守贺霖夫人在家有娠，贺遣人入九鲤湖丐梦。梦冕者厉色言曰："是福清，非福宁。"遂述以告。贺愕然，曰："衽席之言，鬼神何以知之？"盖贺别夫人时，尝曰："生男名福清，生女名福宁。"已而，果生男。

43.莆苏璞祈功名于鲤湖仙庙，梦仙人语曰："田田田土，立月巳三。"觉，不知所谓。后，科场毕，见主人亭窗上书"壘龍"二字，方悟前梦，今决中矣！及揭晓，果有名。

44.姑苏顾圣之工诗，嘉靖乙丑闽游，以无子之九鲤湖乞灵，梦仙人云："潘太守，而子也。"顾必得潘姓妾以符梦。久之，第娶金氏以归，竟育一女。万历乙亥，复来闽，客观察王公乔桂署中。已，如汀州，暴卒。时，汀守为潘公明谟，一切身后事，皆潘为之治，非子而何？

45. 大田田一儁，得荐后，往鲤湖问会场消息。梦仙人语曰："文章天下第一。"后戊辰科，一儁果会试第一名。

46. 闽赵金事时齐候蒙御史诏于莆中，传者以御史未即至，赵径往九鲤湖求梦。梦一人拈一题示之曰："立则见其参于前也。"圆者称贺云："立见参知之擢矣！"有顷，人传御史且过，坐是失于迎谒，竟为御史所参论，罢去。（方尧治谈）

自注：立则见其参于前也，出自《论语》。

47. 仙邑郑瑞星未遇时，其父为之求梦九鲤，梦一人曰："石马桥发火时。"桥久坏，未复也。居无何，关令君来以木为梁，行人便之。乃癸酉初秋，忽遭回禄。次月，而瑞星果得捷。

48. 莆曾梦鳌未第时，谒仙祠，梦仙人曰："龙飞第一科。"明年，果登隆庆丁卯乡荐。壬申再谒仙祠，复梦仙人曰："龙飞第一科。"明年，又登万历甲戌榜进士。

49. 莆陈王道为诸生时，往仙祠谒梦，梦仙人曰："汝万年方能中。"陈悒悒不乐。后，癸酉乡荐第四，始悟"万年"为"万历元年"也。

50. 郑郎中瑞星，号聚井，既领万历癸酉乡荐，入鲤湖问春闱消息，见堂兄五奇手执一石两鸡立井上，忽投石井中，两鸡遂惊飞过墙。醒，莫知所谓。后，登丙戌进士，盖是科乃王荆石主试。始悟一石者，荆石也；投石井中者，遇荆石乃中也；五奇者，越五科之兆也；且自癸酉至乙酉，非两鸡而何？

51. 莆林秀才往鲤湖丐梦，梦仙人语曰："明日所遇官，即知尔功名。"次早，果有钟御史、李参政来谒何仙。秀才俱衣冠拜请，告以故。钟曰："贤友他日学李先生。"李曰："学钟先生。"秀才甚喜，自负必兼二宦事业无疑矣！后，仅以岁荐任教职，常恙恙，谓梦无灵。或解之曰："学理先生，学中先生，非教职而何？"方悟仙人以音示之矣！

52. 泉南黄某，登嘉靖庚子乡荐，谒梦九鲤湖，梦见"开天第一"四字，莫喻其旨。后，历官太平守，郡门前有匾书此四字。盖我太祖起自太平也。黄亦竟以是官致仕。

53. 清漳戴侍郎未第时，丐梦于祠，梦"双天西日"四字。释者谓："'双天'乃'癸'字，'西日'乃'酉'字也。"后，戴果领癸酉乡书。

54. 莆郭别驾湍诸生时，祈梦鲤湖，梦得彩旗一对，上书"一路太平"四字。后，登正德丁卯乡荐，历直隶太平教授，迁广西太平通判，卒于官。

55. 闽郑继之善夫官主政，在告时，至鲤湖上谒梦，梦有人言"刘尹知我，胜我自知"之语。亦漫莫详解矣！后，有术者刘生推继之寿，恐不过四十，继之亦悟王蒙卒时，年三十九。后果然。

56. 莆方给谏万有为诸生时，以功名谒梦鲤湖，梦坐山中石上，一叟拊其肩，语曰："钱福来至。"丙午秋试揭晓前一夕，鬻水者至，随闻门外有人呼："钱福。"问而得其名，即梦中所谓钱福也。诘朝，登榜。

57. 莆郭尚书应聘方为诸生时，谒梦鲤湖问功名，梦见山巅一亭，诸葛武侯纶巾羽扇读书其中，案横一帙，公揭视，上题"古兵书"三字。至年二十七，登嘉靖丙午乡荐，果符武侯出庐之年。后由庚戌进士，历兵备蜀中，以副者兼兵部侍郎总督两广，旋擢南京兵部尚书，致仕，卒。

58. 丰城涂副使未第时，祈功名于九鲤仙祠，梦入一古寺，花色映帘，泉声满户，壁间有唐人诗曰："月华星彩坐来收，岳色江声暗结愁。半夜灯前十年事，一时和雨到心头。"既觉怅然，谓是不第之兆。后登黄甲，拜官侍御，又谓梦非耶！亡何，擢广南副使。一日，行部至海上，果有一寺，风景宛然如梦，前诗亦在其壁，涂大诧不寐。诘朝，报至，罢归。半夜灯前，至是始验。

59. 吴生某求科名于仙庙，梦一人示以"牛田"二字。已而，两科不第。乃更以是梦质之仙人。又梦仙人云："何不加田于牛之上？"至嘉靖甲午，始发科。

60. 姚生某谒九鲤祠问功名成否，梦仙人书八字曰："斗米三钱，夜门不闭。"圆者曰："斗米三钱，不贵也；夜门不闭，无关也。君此梦盖贱而无官也耶！"后果然。

61. 有某翁祈子息于鲤湖，梦见一架茶钟，该六个，仅有五耳。释者曰："钟无一个，公终无子矣！"后果如其言。

62. 有一人以求嗣谒何仙，梦人抱一西瓜相赠，又见半子于瓜之外。圆者称贺云："瓜最多子，行且见累累矣！"其人至老不得嗣，自以梦无验语方太古。方笑曰："瓜露半子，公其孤乎？"后果然。

63.莆有某人往鲤湖卜其女昏事何日配合，梦仙人书一"妇"字。醒，不知谓何。圆者曰："女旁有山横书，下乃出字。君之女，当出横山耳。"后，女果适惟新里横山地方。

三、梦文化的传承人

文化的传承离不开文化的创造者和继承人。九鲤湖祈梦文化由来已久，但因历史动荡，现在很难将祈梦文化继承人的谱系连接起来。据徐鲤九的《九鲤湖志·仙释》记载："沈祖师，五代时人，坐化于观音龛，人称江南怀术真人。"后又载称："僧满月，九鲤湖第一代僧。"由是可知，主持九鲤湖者，应是僧道皆有。至宋元祐间，龙纪僧永端建湖光亭。到了万历辛巳年（1581），道士苏清玉遂在湖光亭上祀雷部。与此大概同一时间，道士苏清华重修玉帝楼，改祀玉帝，仙父仙母附焉。这再次证明了，主持九鲤湖者，确实是僧道皆有。因此，2016年8月，九鲤湖在申报莆田市第四批市级非物质文化遗产项目代表性传承人时，也是僧道交替传承的。具体代系如下：

代别	姓名	性别	出生年月	文化	传承方式	学艺时间	居住地址
第一代	不详						
第二代	山开道长	男	清乾隆年间	私塾	师徒传承	清代	不详
第三代	仙鹤道长	男	清乾隆年间	私塾	师徒传承	清代	不详
第四代	敬训道长	男	清光绪年间	私塾	师徒传承	清代	不详
第五代	鲤湖道长	男	1893	私塾	师徒传承	20世纪30年代	不详
第六代	慧星住持	男	1951.12	初中	师徒传承	20世纪80年代	度尾
代表性传承人	陈哲	男	1990.05	大专	师徒传承	2011	城南

第三节　梦文化的文艺形式

在仙游漫长的历史岁月中，流传下来许多与九仙相关的传说、题刻、诗文等内容，这体现了祈梦文化在仙游的传承和影响。这些与九仙相关的传说、题刻与诗文从一个侧面可以反映出仙游人的历史、生活、习俗和思想感情，表现了仙游人的审美观念和艺术情趣。它不仅是仙游人珍贵的文化遗产，也是中华优秀传统文化重要组成部分。

一、梦文化的传说

（一）九仙由来

相传，汉武帝时，江西临川有个何姓长者生了九个儿子，除了老大额中间有一只眼睛外，其余八人双目失明。他们不肯参加淮南王刘安的叛乱，而被刘安派人追杀，历尽千辛万难，来到今天九鲤湖所在的山峦之巅，并在此隐居下来修道炼丹、普济众生。有一天风雨大作、雷电交加，突然从湖中跃出九条鲤鱼，身的两侧长出翅膀，九兄弟知道鲤鱼吃了他们的仙丹要升天了，于是各乘一条鲤鱼冲天而去，成了神仙。九鲤湖因此而得名。

（二）九仙父母

相传，九仙父亲姓何，先居庐江，后来移居豫章。何氏娶妻张氏，生有九子四女。其时，淮南王刘安招贤纳士，广收文章、学术、智数之士，因何氏与淮南王友善，故九子亦从之。不久，何氏九子随人学道，得辟谷法，知淮南王必败，遂劝其父母远遁。可惜，何氏不听，故其九子只好连夜潜逃，自江西徙居福州于山。后来，何氏九兄弟经过莆田，见九鲤湖山水殊胜，便在湖边结茅而居，继续修炼。若干年后，何氏九兄弟炼丹有成，其丹液倾入湖中，竟使湖中九条鲤鱼食而飞升。有鉴于此，他们纷纷跨鲤仙去，一时传为美谈。

再说九仙父母因淮南王以事伏诛，遂渡江来闽，寻访九子。当他们顺迹而来后，发现九子已经跨鲤飞天了。因此，九仙父母便就近归隐于九仙山，并将其四个女儿嫁给范、信、张、杨四人。不久，九仙父母亦无疾而终，遗有香炉、铁环、铁鞭等于溪石之上。谁知，这些物件虽轻，但洪水暴涨，竟难淹没，也推不动。由此，周围百姓见而怪之，遂立庙以祀之。

（三）范侯

相传，范侯旧为尚书，至于是哪部尚书，则不得而知。不过，范侯因为做过官，所以家大业大，为地方富户。当九仙才到九鲤湖时，范侯就发现这些人不像是平常人，因此，他只要一有空，就经常追随左右，问东问西。

后来，何氏九仙在九鲤湖畔采药炼丹，他们见范侯为人端厚朴实，便视其为知己。一日，何氏九仙一起外出采药，就让范侯为他们守药炉。不料，范侯本是有心要接近何氏九仙的，见自己取得了九仙的信任，恰好这次炼丹又极为重要，且听九仙他们私下议论，大概丹药即将大成。是故，他贪念一生，竟然私自将还没炼成的丹药倒出来吃了。由于丹药还未炼熟，而且范侯太贪心了，一口气将所有丹药都狼吞虎咽下去，此乃龙虎神丹，岂是凡人所能饕餮的？果不其然，因范侯吃得太多，又无修道根基，虚不受补，这药性在他体内肆虐，扰得他五脏六腑如烈火中烧，面部被烤得焦黑如炭，命在旦夕。

大概是范侯颇有仙缘，命不该死。正当他躺在地上做垂死挣扎之际，何氏九仙回来了。他们一见到范侯的丑态，顿时明白了范侯不老实之处。然而，日久生情，上天都有好生之德，何况他们是修道之人？因此，何氏九仙怜其愚痴，哀其不幸，连忙顺手抓来一只白鸡（又说是白鹇），割去鸡颈，取出鸡血，灌入范侯嘴中。没过多久，范侯竟然苏醒过来了。从此，范侯变得十分老实，绝不敢再生二心。是故，何氏九仙因梦显名后，便命范侯为传梦大使。而民间知道范侯有命，多亏鸡血，故塑像者就将他根底泄露殆尽，一脸黝黑，而求梦者知其遭遇，竟争先以白鸡为祀，只为疗其旧伤，好为他们认真传导佳梦罢了。

二、梦文化的题刻

九鲤湖景区人文景观众多，有摩崖题刻遍于湖山之间，有着"任楷草题镌几无完石"之誉。其中，镌字、镌联、镌诗、纪事等历代名人题刻，字体各异，遒劲洒脱，令人流连忘返。

（一）镌字

天子万年，竖式题刻，楷书，在玉帝楼后南侧的崖壁上。款署：剥蚀不可辨。旧志云：宋代陈说书。按，明朝周世臣曾赋诗一首赞"天子万年"曰："寂寂明时镜，班班宋代书。万年瞻赤鲤，高处有仙居。"

第一蓬莱，横式题刻，楷书。落款：皇明正德十年莆南峰林有恒书。

观瀑，横式题刻，楷书，在瀑布漈崖壁北向。落款：剥蚀不可辨。旧志云：明代李翱书。

玄珠，横式楷书。按，明嘉靖十七年（1538）莆田人林有年主纂的《仙游县志》载："玄珠石，在九鲤湖南，其色黑，形圆如珠，故名。兴化同知李翱刻'玄珠'石。"李翱是广东新会人，嘉靖二年（1523）进士，嘉靖八年（1529）任兴化府同知。此县志是李翱在兴化府任职之后几年编的，其可信度不言而喻。

可与晤言，竖式题刻，楷书。款署：鲤湖主人徐□□题，万历甲□岁。按，据方应佹与柯宪世所编《九鲤湖志》记载："今硝石上，仙令徐观复题曰：可与晤言。命工镌之。"该志成书于万历乙卯孟夏，恰在万历四十三年（1615）。而徐题"万历甲□岁"，应属万历四十二年（1614）事，故可采信。

九天珠玉，横式题刻，楷书。款署：晋阳郑宗周。按，兹题刻位置险要，非寻常人能触及，故有争论。然款署"晋阳郑宗周"者，昭昭在目，不容置疑。因此，考证郑宗周其人其事，方是正道。因宗周有出按福建之经历，又与邑人义乌知县同年，所以本题刻时间或在此间也。

天然坐，横式题刻，行书，在瀑布漈西岸东北向。因岩石残损，落款无存。旧志云：明代郑邦福书。

鸣泉，横式题刻，楷书，在枕流石下沿。款署：章檗。

飞雨奔雷，竖式题刻，行书，在龙耳石北向。款署：吴县严家淦。

天子万年

观瀑

第一蓬莱

鲤湖，竖式题刻，楷书，在羽化石东南向，落款剥蚀不可辨。

洞天，横式题刻，楷书，在九仙祠西北角岩石上，无落款。

石鼓，横式题刻，楷书，在九仙祠前鼓石北向，无落款。

湖光亭，竖式题刻，篆书，在蓬莱石西向，无落款。

古梅洞，横式题刻，篆书，在九仙祠西北角岩石上，无落款。

化龙洞，竖式题刻，楷书，在九仙祠西侧岩石南向。

道家蓬莱，竖式题刻，楷书，在瀛洲石北向，无落款。

龙渊洗耳，横式题刻，楷书，在龙耳石北，无落款。

圆云一镜，竖式题刻，篆书变体，在龙耳石北向，无落款。

万壑笙钟，横式题刻，古篆，在蓬莱石下方石坡上，落款剥蚀模糊。

液水蓬山，横式题刻，行草，在雷轰漈西侧石坡上。

（二）镌联

野趣谢千钟，老景寻神仙作会；

湖光涵万象，梦魂与天地同流。

竖式楷书，在蓬莱石南面。款署：东园。

壶里乾坤，碧石丹山胜地；

鼎中龙虎，白云流水闲心。

竖式古篆，在九仙祠西侧石洞壁上。

穹壁纪仙踪，苔藓封蝌蚪文字；

丹炉傍石瀑，山川开混沌图书。

竖式题刻，行书，在瀛洲石东向。

款署：嘉靖丁未菊月既望金郡□泉。

中国民间文艺之乡

可与晤言

九天珠玉

"天然坐"题刻

鸣泉

"鲤湖"题刻

飞雨奔雷

洞天

中国民间文艺之乡

石鼓

"古梅洞"题刻

摩崖题刻

王世懋题刻之一

吴干题"湖光亭"石刻

九鲤湖题刻

化龙洞

道家蓬莱

龙渊洗耳

万壑笙钟

液水蓬山

林俊题联

陈迿诗刻

丘铎诗刻

明代题联

郑纪题联

（三）镌诗

题九鲤湖

九鲤湖前风雨生，乱山分峙对峥嵘。

坐来欲作凌空势，尚想何仙好弟兄。

竖式题刻，行书，在蓬莱石西向。款署：安固丘铎文昭。

宿九鲤湖二首

（一）

为有烟霞癖，言寻岛洞幽。

湖光沉碧殿，秋色净丹丘。

地拱天垂盖，云消月过楼。

子徵如有约，吾道共沧洲。

（二）

此日幽栖处，云岩静不扃。

泉静万壑应，山色四时青。

归鹤窥双履，传丹有素经。

如何凉雨夜，飞梦远青冥。

竖式行书，在观瀑石北向。款署：嘉靖丙申秋中海虞陈逅题。

题九鲤湖二首

（一）

绝蹬临无地，寻泉合有源。

千峰回鸟道，双剑劈龙门。

散落珠帘挂，空明瀑布翻。

悠然坐危石，相对欲忘言。

（二）

深山病骨微，山雾昼霏霏。

载酒穿松径，焚香导羽衣。

心悬青鸟下，意引白云归。

未识桃源者，相从路不违。

竖式题刻，行草，在观瀑石西向石壁上。款署：嘉靖丙申夏四月午坡江以达。

无题

九鲤湖传何老时，临川仙子竟何之。

间行流水寻丹灶，忽听空山歌紫芝。

中散素书终荡寞，仕生人世亦支俚。

分明梦里华胥国，万里神游总不疑。

竖式题刻，行草，题于蓬莱石下方石坡上。款署：嘉靖丙申夏四月午坡江以达。

邀陈五岳右使观九漈，饮泉石间，纪游四咏。

其一

中峰云散抱岩峣，陶谢槽潭闻洞箫。

石上何年钿巨□，林间此日挂孤□。

漉漉碎玉飞苍壁，清清长河下赤霄。

双屐出山方十日，丈六书至又相招。

其二

绝嶂回溪无路通，何岩深处似崆峒。

初来海上寻三岛，终去淮南拉八公。

紫殿空悬风雨里，青芝长崖水云东。

汉阴客是冀霜侣，应与潘郎杖屐同。

其三

几道泉声溅石林，水晶阑外镜湖深。

闲□郭璞游仙洞，忽□刘晨采药心。

午涧来时悬彩练，碧山坐久绝飞禽。

宋廷摸诗刻　　　　　　　　　　　郑缵绪诗刻

陈北海诗刻

凭谁结宇千岩下，倒影晴空九月霖。

其四

水花飘泊石苔斑，相对渔樵晚来还。

痛饮百杯坠秋月，拼留一醉眠湖山。

紫芝眉宇识仙骨，憾客词华满世间。

九漈欣逢三笑会，不餐消石亦朱颜。

竖式题刻，行草，在羽化石岩面上。款署：万历丙戌重九后一日，莆龟峰樵客四楼陈所有彦元甫题。

题九鲤湖

自觉吾生梦最真，年年梦梦不犹人。

仙湖乞梦来何晚。旧事从头梦又新。

竖式题刻，行书，刻于湖滨西岸石上。款署：光绪甲辰十月古滇宋廷摸题，古蒲韩□□同登。

邀谟月老师同游湖光亭

九叠寒泉若佩环，宛如仙乐在人间。

凡成昆季朝元去，我蹑高跷到此山。

竖式题刻，行书，刻在蓬莱石西向。

运使显谟陈公题九鲤湖

山围万叠周遭列，潭泻千寻浩渺深。

九鲤何年化龙去？湖光不灭古犹今。

竖式题刻，行书，在蓬莱石西向。

汪廷英题刻

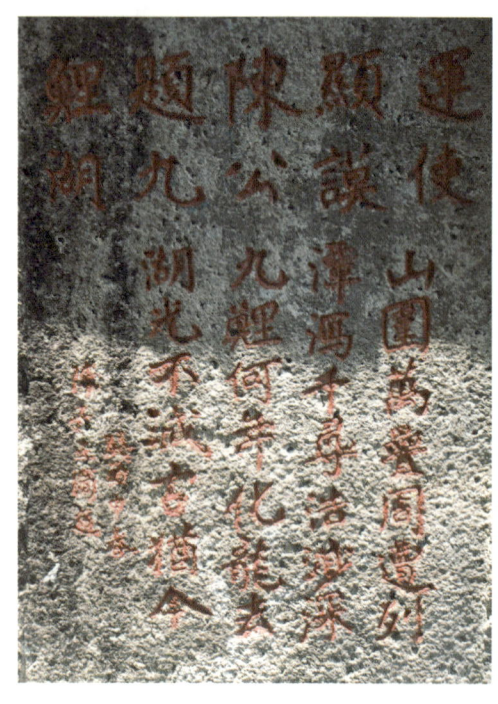

陈显谟诗刻

九鲤湖题刻之一

题九鲤湖

湖上龙飞去不期，瑶台翠壁锁苔漓。

烟生崖壑多开胜，水绕云根尽生奇。

阴洞草幽分昼暝，古坛松老又春枝。

仙源此日重回首，愁见溪光桃发时。

竖式题刻，楷书，刻在瀛洲石东向；款署：丙午春二月望日，温陵郑缵绪题。按，诗佚题，标题为编者所加。

题九鲤湖

极目峰峦树护青，百年泉态匹湖汀。

世人何事迷三觉，湖面山中夜梦醒。

九转丹成□百决，千年劫度叹零丁。

此事胜比闲游记，洁水源行觉秘音。

竖式题刻，行草，刻于湖西岸石上；款署：阅步汀湖韵，陈北海诗。按，诗佚题，标题为编者所加。

（四）纪事

湖光亭记

龙纪寺南，有湖曰：九鲤，水石之胜，载于图籍。同官余利宾达天尝为余言之，余到任，明年秋，以事往游，徘徊不能去。八月壬寅，王永端作亭湖侧，因以湖光命之。

元祐三年九月十一日
邑令吴干无求记

竖式题刻，楷书，在蓬莱石西向。

南宫县令真定赵布孟醇 元祐八年五月望日游此。

王世懋题刻之二

南居孟题刻

竖式题刻，楷书，在蓬莱石西向。

雍正乙卯夏，仙邑升令武林汪廷英祷雨到此。
竖式题刻，楷书，在九仙祠西侧石洞岩壁上。

悬崖观水帘、瀑布二泉，从者黄季白为莆生，林大东、阮文士、陈同人、陈八日为仙游生。
竖式题刻，楷书，在观瀑石石壁上。

三、梦文化的诗文

九鲤湖祈梦文化风行之后，自唐宋以来，直到民国，历朝历代皆有著名诗人、学者到访九鲤湖，并留下动人的诗篇或佳作。其中，有关九鲤湖的诗句，据《九鲤湖志》记载，就有310多首，以致徐鲤九编修《九鲤湖志》时，特设"诗话"一篇，以纪其盛。至于文章方面，有游记、杂记、赋、考等文章，尤以徐霞客的《游九鲤湖日记》为著名。现摘取部分精美诗篇与文章于此，以飨读者。

（一）古诗

许稷，字君苗，进士及第，历南省员外，终衡州刺史。

《兰陔诗话》：君苗挟策入关，遇陈载物、欧阳行周、林纬乾等会饮，纬乾醉后有谑言，君苗投杯愤悱曰："男子患不能立志霄汉，非有肩镳，王侯出处岂必常耶？"哆酒而去，入终南山读书，三年出就举登第。尝作《江南春》三首，词甚绮丽。

游九鲤湖

道是烧丹地，依然云水居。
山空人去后，梦醒客来初。
溪雨飞沙霁，石门隐雾虚。

高歌对明月，松影落扶疏。

郑良士，字君梦，景福二年（893）献诗五百首，授国子监四门博士，累迁康、恩二州刺史兼御史中丞，后弃官归隐于白岩。闽王辟为建州判官，累升左散骑常侍兼御史大夫，有《白岩集》《中垒集》。

九鲤湖

仄径倾崖不可通，湖岚林霭共溟濛。
九溪瀑影飞花外，万树春声细雨中。
覆石云闲丹灶冷，采芝人去洞门空。
我来不乞邯郸梦，取醉聊乘郑圃风。

陈乘，字未详，进士，官秘书郎。
《兰陔诗话》：秘书与郑君梦，徐昭梦相唱和，遗诗已少流传。

游九鲤湖

汗漫乘春至，林峦雾雨生。
洞莓粘屐重，崖雪溅衣轻。
窟宅分三岛，烟霞接五城。
却怜饶药草，欲辨不知名。

张潜，字未详，官招讨使。

游九鲤湖

谷口逃名日，寻真逐野心。
春云迷曲涧，晓露湿单襟。
翻瀑惊飞雪，鸣滩讶听琴。
最怜逸兴发，白发浪相侵。

张式，字景则，天圣五年（1027）进士，官太常博士，历知虔濠、寿、岳四州。

九鲤湖

半生漂落江湖外，此日登楼花正开。
丹灶依然沉涧水，珠帘空自挂瑶台。
昔年道士何时去，前度游人今又来。
点检洞门题咏处，几多墨迹篆苍苔。

蔡襄，字君谟，天圣八年（1030）进士，先后任馆阁校勘、知谏院、直史馆、知制诰、龙图阁直学士、枢密院直学士、翰林学士、三司使、端明殿学士等职，出任福建路转运使，知泉州、福州、开封和杭州府事。累赠少师，谥号"忠惠"。

游九鲤湖

何岭巍峨欲插天，回头人与白云连。
桃花不点寻常路，从此依稀度九仙。

傅楫，字元通，治平四年（1067）进士，调扬州司户参军，累迁国子司业、起居郎、中书舍人，以龙图阁待制知亳州。

游九鲤湖

偶有寻真兴，携琴扣竹关。
岩头青嶂合，洞口白云闲。
火伏丹犹湿，棋残局已斑。
游人迷去路，疑是霍童山。

徐铎，字振文，熙宁九年（1076），赐进士第一，官吏部尚书。

《兰陔诗话》：公昭梦仍孙，与兄锐同登第，时有"龙虎榜头孙嗣祖，凤凰池上弟联兄"之称。是年里人薛奕应武举，亦状元。神宗赐诗云："一方文武魁天下，四海英雄入彀中。"洵盛事也。

九鲤湖

昔年曾此一寻幽，今日重来访旧游。
羽客有情迎别馆，仙人何处隔沧洲。
珠帘丹灶遗踪在，玉树蟠桃胜迹留。
欲借一枝长息影，闲吟花鸟任春秋。

刘克庄，初名灼，字潜夫，号后村，南宋豪放派诗人、词人、诗论家。初为靖安主簿，后长期游幕于江、浙、闽、广等地。诗属江湖诗派，作品数量丰富，内容开阔，多言谈时政、反映民生之作，早年学晚唐体，晚年诗风趋向江西诗派。词深受辛弃疾影响，多豪放之作，散文化、议论化倾向也较突出。著有《后村先生大全集》。

九鲤湖

凡是龙居处，皆难敌此泉。
下穷源至海，上有穴通天。
小派犹成瀑，低峰亦起烟。
莫疑乘鲤事，能住即能仙。

黄孟良，名德贵，以字行，号老圃。洪武中征辟授松阳主簿，升松阳知县。

《兰陔诗话》：老圃洪武三年被征，以不识字辞。仇家上其《九鲤湖诗》，械系至京。太祖览诗称善，即日除官，亦云厚幸。后竟坐事谪戍。当时法令严峻，人多诡辞不就，如黄枢之以躄辞，吕不用之以聋辞，士之难受爵禄，如此亦可悲矣。

九鲤湖（一）

人已成仙鲤化龙，伊谁湖上构仙宫。
石遗丹鼎潺湲里，烟锁楼台缥缈中。
青鸟去来犹夜月，碧桃开落自春风。
此行非为邯郸梦，拟向桥头问石公。

（二）

楼阁巍巍拂紫霞，盘山环拱走龙蛇。

石磐泉泻千寻瀑，玉涧桃开万树花。

春径有苔封旧术，夜炉无火养丹砂。

我来不遇吹箫侣，几度凭栏重叹嗟。

郑主敬，字直夫，纪子。正德戊辰进士，官户部主事。

游九鲤湖

秋到蓬壶山意凉，晚风遥送洞花香。

缘空浑入真无境，禅定如来何有乡。

曲径松明台半月，倾崖鹤化灶全霜。

明朝拟尽游观兴，坐对清流泛羽觞。

郑瑞星，字廷奎，进士，授信阳知州，改崖州升刑部员外郎迁郎中。

九鲤湖

到来幽洞觅仙踪，翠蔓牵衣带露浓。

千嶂树深窥隐豹，一泓碧潭抱翔龙。

药炉灶冷留丹液，玉佩霞晴卧赤松。

忽讶桃源人境隔，浮生醉梦几扶筇。

顾大典，字道行，吴江人，进士，福建提学副使。

九鲤湖

赤鲤仙人去不回，澄湖如练复如苔。

磊磊积石缘阶立，面面疏峰逐涧回。

琳阙楼台凌岸崿，水晶栏槛净氛埃。

悬崖瀑喷千秋雪，出地涛奔万壑雷。

炉里丹成龙作驭，林间翠拥凤为台。

珠帘卷雾苍烟合，玉柱排云碧障开。

宅近蓬壶元有石,洞扃瑶草已无梅。
烟霞老去偏成癖,簪绂拼来岂用猜?
蕉鹿迷途堪自笑,莼鲈归思若为栽。
夜深翻作游仙梦,足踏金鳌海上来。

杨四知,字元述,祥符人,进士,福建巡按御史。

九鲤感怀

万山环绕鲤湖津,夜夜游人问梦频。
千载空余丹鼎在,何郎亦是梦中人。

释弘智,俗姓方,名以智,字密之,桐城人,进士,官翰林检讨。

鲤湖漫兴

海底藏峰顶,圆湖泻曲溪。
两崖成碧井,九叠挂丹梯。
雷自龙渊奋,云知雁荡齐。
石门风雨返,好梦不须题。
潆宜从峡底,游者上峰来。
玉桂如垂缨,天门想度杯。
崖高留夏雪,水险造晴雷。
却上山颠望,将军首自回。

(二)杂文

徐霞客(1587—1641),本名弘祖,字振之,号霞客,明代南直隶江阴(今江苏江阴市)人。明代地理学家、旅行家和文学家,他经30年考察撰成地理名著《徐霞客游记》,被称为"千古奇人"。霞客一生志在四方,足迹遍及今21个省、市、自治区,"达人所之未达,探人所之未知",所到之处,探幽寻秘,并记有游记,记录观察到的各种现象、人文、地理、动植物等状况。《徐霞客游记》开篇之日(5月19日)被定为中国旅游日,其游记中,《游九鲤湖日记》被后人视为该书最出彩之作。

游九鲤湖日记

浙、闽之游旧矣。余志在蜀之峨眉、粤之桂林，及太华、恒岳诸山；若罗浮、衡岳次也；至越之五泄，闽之九漈又次也。然蜀、广、关中，母老道远，未能卒游。衡湘可以假道，不必专游。计其近者，莫若由江郎三石抵九漈。遂以庚申午节后一日，期约芳若叔父启行，正枫亭荔枝新熟时也。

二十三日，始过江山之青湖。山渐合，东支多危峰峭幛，西伏不起。悬望东支尽处，其南一峰特耸，摩云插天，势欲飞动。问之，即江郎山也。望而趋，二十里，过石门街。渐趋渐近，忽裂而为二，转而为三。已复半岐其首，根直剖下。迫之，则又上锐下敛，若断而复连者。移步换形，与云同幻矣！夫雁宕灵峰，黄山石

飞凤漈

棋盘漈

笋，森立峭拔，已为瑰观。穹然俱在深谷中，诸峰互相掩映，反失其奇。即缙云鼎湖，穹然独起，势更伟峻。但步虚山，即峙于旁，各不相降，远望若与为一，不若此峰特出众山之上，自为变幻，而各尽其奇也。

六月初七日，抵兴化府。

初八日，出莆郡西门，西北行五里，登岭，四十里，至苎溪，降陟不啻数岭矣。苎溪即九漈下流。过苎溪公馆二里，由石上步过溪，又二里，一侧径西向山坳，北复有一磴，可转上山。时山深日酷，路绝人行，迷不知所往。余意鲤湖之水，历九漈而下，上跻必有奇境，遂趋石磴道。芳叔与奴辈惮高陟，皆以为误。顷之，境渐塞，彼益以为误，而余行益励。既而愈上愈高，杳无所极。烈日薰铄，余亦自苦倦矣！数里，跻岭头，以为绝顶也。转而西山之上高峰，复有倍此者。循山屈曲行三里，平畴荡荡，正似武陵误入，不复知在万峰顶上也。

中道有亭，西来为仙游道，东即余所行。南过通仙桥，越小岭而下为公馆，为

钟鼓楼之蓬莱石，则雷轰漈在焉。涧出蓬莱石旁，其底石平如砺，水漫流石面，匀如铺縠。少下而平者多洼，其间圆穴为灶，为臼，为樽，为井，皆以丹名，九仙之遗也。平流至此，忽下堕湖中，如万马初发，诚有雷霆之势，则第一漈之奇也。

九仙祠即峙其西，前临鲤湖。湖不甚浩荡，而澄碧一泓于万山之上，围青漾翠，造物之酝灵亦异矣！祠右有石鼓、元珠、古梅洞诸胜。梅洞在祠侧，驾大石而成者，有蝉成门。透而上，旧有九仙阁。祠前旧有水晶宫，今俱圮。当祠而隔湖下坠，则二漈至九漈之水也。

余循湖右行，已至第三漈，急与芳叔返，曰："今夕当淡神休力，静晤九仙。劳心目以奇胜，且俟明日也。"返祠，往蓬莱石，跣足步涧中。石濑平旷，清流轻浅，十洲三岛，竟褰衣而涉也。晚坐祠前，新月正悬峰顶，俯挹平湖，神情俱朗，静中沨沨，时触雷漈声。是夜祈梦祠中。

初九日，辞九仙，下穷九漈。九漈去鲤湖且数里。三漈而下，久已道绝。数月前，莆田祭酒尧俞，令陆善开复鸟道，直通九漈，出莒溪。悔昨不由侧径溯漈而上，乃纤从大道，坐失此奇。遂束装改途，竟出九漈。瀑布为第二漈，在湖之南，正与九仙祠相对。湖穷而水由此飞堕深峡，峡石如劈，两崖壁立万仞。水初出湖，为石所扼，势不得出，怒从空坠飞喷，冲激水石，各极雄观。再下为第三漈之"珠帘"，泉景与瀑布同。石崖有亭，曰"观澜"，一石曰"天然坐"，亦有亭覆之。从此上下岭涧，盘折峡中。峡壁上覆下宽，"珠帘"之水从正面坠下，"玉箸"之水从旁霭沸溢，两泉并悬峡壁下削。铁障四围，上与天并，玉龙双舞，下极潭际。潭水深泓澄碧，虽小于鲤湖，而峻壁环锁，瀑流交映，集奇撮胜，惟此为最，所谓第四漈也。

初至涧底，芳叔急于出峡，坐视峡口不复入。余独缘涧石而进，踞潭边石上，仰视双瀑从空夭矫，崖石上覆如瓮口。旭日正在崖端，与颓波突浪掩晕流辉，俯仰应接，不能舍去。循涧复下，忽两峡削起，一水斜回，涧右之路已穷。左望有木板飞架危矶断磴间，乱流而渡，可以攀跻。遂涉涧从左，则五漈之"石门"矣。两崖至是，壁凑仅容一线，欲合不合，欲开不开，下涌奔泉，上碍云影。人缘陟其间，如狝猿然。阴风吹之，凛凛欲堕，盖自四漈来。山深路绝，幽峭已极，惟闻泉声鸟

将军濑

语耳。出五漈,山势渐开,涧右危嶂屏列,左则飞凤峰回翔对之。乱流绕其下,或为澄潭,或为倒峡。若六漈之"五星",七漈之"飞凤",八漈之"棋盘石",九漈之"将军岩",皆次第得名矣。然一带云蒸霞蔚,得趣故在山水中,岂必刻迹而求乎?盖水乘峡展,既得自恣。其旁崩崖颓石,斜插为岩,横架为室,层叠成楼,屈曲成洞。悬则瀑,环则流,潴则泉,皆可坐、可卧、可倚、可濯,荫竹木而弄云烟。数里之间,目不能移,足不能前者竟日。每下一处,见有别穴,必穿岩通隙而入,曲达旁疏,不可一境穷也。若水之或悬、或渟、或翼飞叠注,即匡庐三叠,雁宕龙湫,各以一长擅胜,未若此山微体皆具也。

出九漈,沿涧依山,转东向五里,始有耕云樵石之家。然见人至,未有不惊讶者。又五里,至莒溪之石,步出向道。

初十日,过蒜岭驿,至榆溪,闻横路驿西十里,有石竹山,岩石最胜,亦为九

仙祈梦所。闽有"春游石竹，秋游鲤湖"语，虽未合其时，然不可失之交臂也。乘兴遂行，以横路去此尚十五里，乃宿榆溪。

十一日，至波黎铺，即从小路为石所游。西向山五里，越一小岭。又五里，渡溪即石所南麓。循麓西转，仰见峰顶丛崖，如攒如劈。西北行久之，有楼傍山西向，乃登山道也。石磴颇峻，遂短衣历级而上。磴道曲折，木石阴翳，虬枝老藤，盘结危石欹崖之上，啼猿上下，应答不绝。忽有亭突踞危石，拔迥凌虚，无与为对。亭当山之半，再折，石级巍然直上。级穷，则飞岩檐覆垂半空。再上两折，入石洞侧门，出即"九仙阁。"轩敞雅洁，左为僧庐，俱倚山凌空，可徙倚凭眺。阁后五六峭峰离立，高皆数十丈。每峰各去二三尺，峰辟石壁如削成，路屈曲辟中，可透漏各峰之顶。松偃藤延，纵目成胜。僧供茗芳逸，山所产也。侧径下，至垂岩，路左更有一径。余曰："此必有异。"从之，果一石洞嵌空立。穿洞而下，即至半山亭。下山，出横路而返。

是游也，为日六十有三，历省二，经县十九，府十一，游名山者三。

萧舜苞，字孝若，明代莆田人。有《篠荡园集》《醉荼编》。

九鲤湖赋

九鲤湖者，盖南州之灵境，欲界之仙都，神祇之所眷顾，而汉九真之所徘徊以嬉娱也。

夫其云府葱翠，石间绵邈，固已羡湖山之美，极仙家之乐矣。然而，川原阻深，道途幽迥，限以洪波巨浸，峙以重冈绝岭。霍霪杳冥之乡，松萝荆莽之境。章步所未周，王者所未祀。是以名不登山海之经，事不涉封禅之纪。非夫味象外之说，洞至道之书，畴能探神仙之奇赜，览羽客之所居者乎？余所以醉心丹术，息影玄门，凭俯仰而有得，聊披写乎陈言也。

盖其发源，绵远万里，沿洄怒若奔马，汇为鸣雷。淼茫相荡，沆漭相礴。其为状也，则浤浤汨汨，吁可骇乎。其潺溪也，又汙汙沺沺，极幽渺乎。其无边也，恍乎天河输泻而骤至，忽讶地轴，挺拔而乍旋。盖淋漓有益激之水，炎蒸无或竭之渊。缭以薜芷，抗以嵯峨。翡翠兰苕，既庶且多。鼋梁灭没于水府，螭驾纵横于岩阿。浮铜船而沉金牛，游颁鲤而飞白鹅。箫声凌波以嘹喨，仙舟出浦以骈罗。盖将陋青草与赤沙，亦且接碧海及绛河。更有仙人采碧于茶潭之中，渔父垂竿于鸡滩之曲。前发江花，后属属玉。水云如黛，烟波乍绿。良独擅乎清幽，宁少淄乎尘俗。

其山则高阳、云居、石所、莲花、九仙、大蜚、何岭、麦斜、蔡溪、虎头之岑鉴，凤台、盘龙之谽谺。奇峰亏蔽，奇树交加。冈封石髓，地涌丹砂。

其溪则雷轰振地，瀑布飞流；珠帘高挂，玉箸不收。石门护乎帝阙，五星错乎灵丘。飞凤张双翼以待控驾，棋盘捧六着以供遨游。厥有将军访道，亦表名于千秋。

乃若玄珠、石尊、龙渊之奇诡，蓬莱、石鼓、万年之腾骧。丹灶极深而莫测，武夫当关而鹰扬。岩岩奕奕，铿铿锵锵。神人鞭而流血，方平叱以成羊。迄乃揭以水晶之宫，表以九仙之阁，丛霄明霞之崔嵬，三阴九灵之嶙廓。金洞玉虚，临乎广莫。紫馆丹台，神输鬼作。上抗疏峰，下临巨壑。商云缭绕乎绮疏，皦日晃朗于锦幕。彩虹长鲜，失霞不落。

其名产也，则有返魂之树，不死之草。白鹤习舞于烟云，文禽游戏于蘅藻。种千年之桃，产九熟之稻。文麟紫霓，往来别岛；琪树建木，婀娜不老。其他奇花异鸟，秘珍瑰宝，若鄙人目限于遍观，故难以具道也。

若夫海日，乍起烟树，离披恍见仙人玉女，驰骋而差池。驾五云兮擎九芝，振金策兮控赤螭。山精穷于照镜，樵子逢乎围棋。若远若近，以遨以嬉。斯则秦皇汉武之所庶几以遇，而非鄙人之所知也。

其东则又扶桑、方丈、瀛州在焉。安期之所灵矫，琴高之所翩跹。三山雄峙，罗列群仙。紫箫语夜，明月当天。仙圣飞而相会者，联袂而比肩。乃知灵源秀嵝，宇内无伍。九真所私，耀灵千古。

陈居禄，字嘉封，号对黎，清代仙游县人。乾隆六年（1741）拔贡，任南安教谕。工诗善文，曾游京师，与同辈三咏碧桃花，推为压卷之作，名噪都下。

著有《荳花吟》《言言集》《雪鸿集》《桥西诗草》和《树德堂文集》等。

九鲤湖赋

　　昔汉武之初年，欲脱屣以求仙。胡庐江之九子，独遗世而远迁。驾神鲤而杳渺，幻湖上之云烟。爰自雷轰，下逮将军，瀑布继之，珠帘峙间，漱玉成柱，怪石为门，五星飞凤，棋盘犹存。当夫溪射霞而敛霁，岫卷电而舒晴，未云何雷，水石轰轰，坎窾鞺鞳，虎啸龙鸣。黄鸡滩头月冷，石床峡下波泪。山鬼宵遁，孤客夜惊，寂静千顷，霹雳同声。澜从蟀转，灶以丹成，石鼓何节，玄珠何名。则有如巢，如臼如瓮，如罂，洵蓬莱之第一，甫入境而魂清。于是，石则枕流擦龙，潭则浮光拨雾。谁匹练之空遗，乃山灵之织素。拟借仙人之尺刀，剪作贫家之五袴。水晶宫前是为瀑布，若乃涧飞花而屑玉，空未雪而撒盐。暮不卷兮西山雨，朝欲上兮东山暹。孰贯鲛人之箔，应悬羽客之檐。招灵阁中徒结麟毫翠羽，望神屋里漫夸玳瑁牙幨。挂春光而不浑，是为照槛之珠帘。至若隔岸，倾流双垂玉柱，膣翁可以加餐，丹霞于斯一饫。拨胡麻兮寿万民，挑玉液兮沾众庶。定鼎高祖，何事辄飧；辟谷子房，盖尝借箸。若夫擎半壁之南天，据六鳌于水浒，宛似栋楹，又名玉柱。

　　尔乃敲玄阔，推白云，藩篱日月，户墉乾坤。扃桃花于阆苑，关春色于北国。随烟霞为启闭，以古今为旦昏。惟风光而识路，信俗尘之莫奔。又何必封以丸泥，杜洞府之石门。峰回崖曲，错落五星，鲤去龙升。忽闻薰风出水而浸润生光，骞彩而层峦欲动。既洽祥于奎宿，怅未见而拾遗。思览德于今时，讵引吭而远送。恍有棋声，稳跃云端。奕者何在？但见石盘。国手谁敌？烂柯谁观？商周一局已竟，刘项半着未完。千年变幻，尺日移山，孰若仙家心手俱闲。乃至枯株度峡，颓石断垠，危流咽涧，峭壁缒云，则有竦身鹄峙，俨然介胄之将军。

　　雷轰鼓兮援桴，瀑布颮兮建纛，珠帘垂兮幕帐开，玉柱持兮传餐足，石垒垒兮布八阵之奇门，星煌煌兮按五军之部曲。望重而奏其凤梧，功成而收其棋局。勇略无歉，知足不辱。宁仅壮九漈之封疆，护仙家之宝箓。况复巨踪离奇而深邃，草木荣落为春秋。览不能遍，美不尽收。岂有神斤与鬼斧，抉大地之奥幽。至于黄粱枕上，提醒凡流，胡世人之多梦，争似按图而卧游。

连铁杞，生于1958年10月，仙游盖尾人。自其2002年主持仙游县文联工作之后，便以挖掘、弘扬、研究、推广仙作古典艺术家具工作为己任，被誉为"仙作"创始人。现为御源轩艺术设计总监、首批国家级非物质文化遗产研究保护基地项目负责人、福建省人民政府命名"仙作传统技艺代表性传承人"，高级工艺美术师，编撰《古典家具》专著6册，著有《三仙赋》。

三仙赋

沉七洲，浮莆田，安西陲，作仙游。沧海缩至湄外，蛎贝附诸岩幽。岛礁忽然高峻，灌木竞自劲道。先民未知谁氏，侨客史载何九。开化始于晋乱，置治见于武周。异名封自唐皇，军声肩负宋谋。极大誉于两宋，人称邹鲁；高新望于共和，国授艺都。景则冠绝福建，梦则灵响神州。此诚天道之所眷私，三仙之所积就也。

观夫三仙之仙景，秀甲东南。鲤湖飞瀑，霞客记颂；菜溪胜地，郑侨诗染。麦斜古篆，闽越旧迹；天马凌云，堪舆真传。智广建寺，开南拳之祖庭；何氏结茅，树枫亭之美帆。藏仙水洋于西苑，消夏至爽；挺第一山于盖尾，戏水最酣。上古聚落，济川尚有孑遗；豪门村居，前连偏多典范。瓷雕五百罗汉，是闽重宝；石构七级浮屠，列国文单。九仙隐居地，境岂一般；百万仙子家，地属上田。

若乃三仙之仙梦，妙不可言。许稷咏句，梦醒客来初；张濬诵题，毛骨亦生寒。良士清高，不乞邯郸梦；卢琦虔诚，相期重游缘。官止盖露亭，此乃陈经邦之仕限；墨挑一万锭，斯为唐伯虎之命盘。富贵无心想，功名两不成，气煞李光地；童子横路唱，花香深夜忙，怪惊纪晓岚。陈谠记梦，播扬之功显赫；郑纪辩梦，塞息之欲昭然。非神验则难至是，惟灵便故可来远。演梦风已逾千岁，品仙游应有其颜。

至于三仙之仙作，富丽绝伦。振古艺于改开，念活商经；跻身影于宇寰，炫出仙魂。式雅而构谨，屈抑京苏；材稀而质优，显达士绅。精雕细刻，陶冶细腻之纯情；榫吐卯咬，熏染融洽之善氛。逮及红木著，仙工凛。国画续闽南派，油画别注仙芯。彩石因雕而驰名，漆器实用而获勋。刺绣与编织竞美，乐器共戏剧争音。凡仙之作，无不殊巧；是域之艺，悉皆成珍。跃居富仙之巨源，符证安身之本根。

赞曰：仙游之地，华夏佳境。有迹可寻，何仙扬旌。文盛东南，邹鲁再营。三仙蓄久，勃兴卓行。惠民既深，旋为芳型。歌之颂之，三仙鸣鼎。

第四章

梦文化与何氏九仙

第一节　何氏九仙

一、九仙生平

（一）祖籍豫章

据《仙溪志·卷三·仙释》记载："何氏，临川人，字名莫详。汉元狩中，兄弟九人自临汝来，经行鸡子城，弈于岩畔，炼丹于湖上。丹成，乘九鲤鱼上升。"由是可知，何氏九仙为江西临川人。汉元狩年间，何氏兄弟九人从临汝出来，经过仙游鸡子城，憩息于钟山岩畔，炼丹于九鲤湖边。后来，炼丹有成，他们跨九鲤飞天。

又据文献记载："九鲤湖在仙游县中，有九鲤鱼。汉景帝时，豫章何翁，其妪张氏生九男，目俱盲，独长者一目，为诸弟前行。翁与淮南王安游，九子劝父俱隐，不听。遂相与入闽，至西州谒吴道人（应为胡道人之误），饮以所居井泉，九人之眼尽开。于是炼丹于湖上。丹成以食鲤，鲤变而朱，便招风雨，湖水为溢。鲤数跃欲飞，九人各乘其一上升。后人建祠祀之湖上焉。"如此说来，何氏九仙本为豫章何翁之子，其中，八人眼睛皆盲，唯独老大还有一目可以视物。因何翁为淮南王刘安的门客，而刘安有谋反之意，故九人劝父归隐，但何翁不听，遂使九人愤然别父入闽，隐于仙游九鲤湖炼丹，后跨鲤升天。

在汉代，刘邦坐定天下后，即分庐江郡而置豫章郡。汉高祖五年（前202），豫章郡境内分置南城县。到了东汉和帝永元八年（96），朝廷又分南城县西北境而设置临汝县，此为临汝县之始。至此，何氏九仙的籍贯便彻底弄清楚了，他们"自临汝来"，而临汝又是豫章郡的属县，再加上他们的父亲乃是"豫章何翁"，这便可以准确推定他们的祖籍是豫章了。不过，他们未修道前，声名不显，故其名号无从考证，而其事迹也渺不可知了。

（二）隐居仙游

自从何氏九兄弟辞父归隐后，他们一路南行，先到福州于山，遂在山上留下圣迹。然而，没过多久，他们又从于山转道仙游（那时仙游未置县，仍属福州地界）境内，先到枫亭塔斗山"结枫为亭"，此枫亭镇名之由来；后觅得钟山鲤湖胜地，遂结茅而居，潜心修炼了。

当何氏九兄弟在鲤湖隐居后，他们便依着淮南王刘安门客曾经指点的秘术潜心修炼。一方面他们遵照孔门心法（又称颜子坐忘法），"堕肢体，黜聪明，离形去知，同于大通，此谓'坐忘'"。另一方面，他们又在鲤湖附近采集奇花异草熬制丹药。周围居民发现他们是有道之士，凡有个伤风感冒、头疼脑热之类，无不争先恐后地请他们出手相救。更有甚者，一些疑难杂症经他们之手，居然也药到病除了。因此，地方居民非常信赖何氏九兄弟，视他们为神人也。

后来，湖中有九条鲤鱼因误食范侯倒入的丹药残渣，顿得灵气，即可吸食日月之精华，养成一段不凡之神气。一日，晴天霹雳，这九条鲤鱼竟然跃出湖面，盘旋不已。何氏九兄弟见状，知道九鲤业已成精，大有飞天之志。于是，他们不约而同地各跨一鲤，悉皆升天了。其时，紫气腾腾，天花乱坠，天乐飘扬，这让附近居民叹为稀有，遂尊为神。以是之故，鲤湖便被命名为九鲤湖。

二、九仙显圣

自从何氏九兄弟跨鲤升天后，他们在鲤湖之畔所遗留下来的丹灶、药槽、水帘、虬迹等就被附近的居民保护起来。后来，他们的父母历经千辛万苦，说不尽的跋山涉水，道不尽的餐风露宿，终于循着他们九人所走过的踪迹找到了九鲤湖。当二老到达九鲤湖时，听说自己的九个儿子业已成仙了，他们真是悲欣交集，难以名状。悲的是，他们千里迢迢寻子，虽然找到了，竟然天人永隔；欣的是，自己的孩子修道有成，居然成仙了。因此，两位老人商议之后，遂矢志结伴归隐于此，期待九子能来接迎，同登仙界。

不久，九鲤湖附近的居民有感于何氏九兄弟跨鲤升天，其父母结伴归隐鲤湖，期待九仙能来接迎、同登仙界的事迹，便纷纷帮助何氏九兄弟的老父母，或嘘寒问暖，或给米送菜，极其热情。而何氏九兄弟在天有灵，他们见百姓如此纯朴善良，就经常托梦显圣，指点迷津，使周围百姓多有得益。因此，当地百姓就为何氏九兄弟立庙奉祀,美其名曰"九仙庙"。此后,九仙不断显圣,有求必应,尤以梦绝,遂使此地有梦乡之誉,风靡海内外。

(一)赐梦

九鲤湖祈梦习俗源远流长,是九鲤湖旅游文化的一种奇特现象,其信众主要分布在莆田、仙游、福州、闽南的厦漳泉及东南亚一带。据当前能收集到的最早的最可靠资料显示,在唐贞元年间,到九鲤湖祈梦已渐成时尚,并大有声名。这有莆田人许稷的《九鲤湖》为证,其诗曰:"道是烧丹地,依然云水居。山空人去后,梦醒客来初。溪雨飞沙霁,石门隐雾虚。高歌对明月,松影落扶疏。"

九鲤湖九仙

(二)司雨

九鲤湖仙公不但能赐梦,而且有司雨之能。相传,这与九鲤湖特殊的地理位置有关。由于九鲤仙公住于九真观,而九真观恰好雄踞于九鲤湖北岸,坐西北向东南,建在一片巨石上。该巨石底下为空,与湖水相通,乃神龙居处,古人称为"蛤蟆穴"。早在唐代末期,招讨使张濬慕九鲤湖祈梦之名,曾亲临九鲤湖,并看出了九鲤湖中有老龙居住的秘密,遂写下了《题九鲤湖》的五言长律,其诗曰:"此地神仙迹,乾坤别世间。青山长自在,流水不知还。烬伏黄金火,鼎藏白石丹。松高玄鹤舞,湖润老龙翻。玉箸垂秋汉,珠帘卷暮峦。幽灵通一梦,毛骨亦生寒。"

淳熙十三年(1186)丙午七月,太守朱端学初到兴化军任职。其时,兴化

九鲤湖通仙桥

大地久旱无雨，连春种都困难，遑论夏季长势了。因此，郡中农民即向朱太守诉苦告急。有鉴于此，朱太守便想到了九鲤湖。据说，九鲤湖中有潭，乃"神龙之所舍焉。岁旱，则祷雨于是。郡守每遣官乞水，若应若否，必归其水"。于是，他立刻备好祭品，虔诚地登临九鲤湖，向九鲤仙公祷雨。三天后，天真的下起大雨来了。就这样，兴化农民便安然渡过旱灾了。翌年夏天，自浙而南，又是大旱，而兴化地区自然也鲜得雨润。迫不得已，有乡人在郡中祷雨，虽然有些响应，但农众仍然不太满意。后来，贾侍郎奉御札叫兴化军到九鲤湖祷雨，"响应之速，殆类桴鼓"。为此，太守朱端学特在是年九月朔日写下《祷雨九鲤湖见龙记》。当然，宋孝宗闻报，自然也下特旨嘉奖，赐庙额为"显应"。

到了南宋末年，文坛领袖、豪放派诗人、词人、诗论家刘克庄在咏九鲤湖时，曾带有总结意味地写下"凡是龙居处，皆难敌此泉。下穷源至海，上有穴通天。小派犹成瀑，低峰亦起烟。莫疑乘鲤事，能住即能仙"。这应该算是对九鲤湖最高的褒奖了，毕竟他说了"凡是龙居处，皆难敌此泉"，这显然是无以复加了。正因龙居鲤湖，又恰在九鲤仙公辖下，所以说九鲤仙公有司雨之能了。

（三）疗疾

九鲤仙公本是隐士，以炼丹修道为业，属于原始的道家人物（那时道教还没创立）。当他们跨鲤升天后，即是神仙，故会给人疗伤治病，并不足奇，也是中国传统神仙中的基本能力之一。不过，九鲤仙公给人治病还是有独到之处的，特别是九鲤湖境内有一道泉水，能治疑难杂症，尤对眼疾有绝佳的治疗效果。该泉眼在九真观后墙，就是走到"第一蓬莱"石向右拐时，里面有处

九鲤湖仙足印

涌泉，状若人眼，即是仙泉。

相传，九鲤仙公还未成仙前，除了何老大面门顶上有一只眼睛能视外，其他八位兄弟都害有眼疾，难以视物。后来，这兄弟九人经仙门化鹤仙人指点，取溪水洗脸，竟使每个人的眼睛都复明了，因此，他们便取一壶水带在身边。等到他们确定归隐鲤湖时，他们就将壶中溪水倒在石后，居然引出泉脉，遂成"仙泉"。这泉水澄碧清澈，明净见底，就算是大旱之年也不干涸。据说喝了这个仙水，可以治疗眼疾，延年益寿。很多闽南的香客来到这里都要盛一杯回家，放在家中供奉起来。有野史记载，南宋孝宗皇帝就曾派人到此取水，从而治好了皇太后的眼疾。于是，赞誉此泉为"仙水"。

三、九仙受封

（一）嘉应侯

南宋绍兴间，因九鲤湖何氏九仙声名远播，连宋高宗赵构也听说了他们的事迹，遂赐其仙水庙的庙额曰"灵惠"。绍兴十一年（1141），兴化知县赵天民便借机重建仙水庙，改其庙名为"灵惠庙"。大约过了25年，即乾道二年（1166），兴化县内大旱，人心惶惶。这时，兴化知县听说九鲤湖灵惠庙祷雨辄应，堪称灵应如响，遂整装备礼到灵惠庙祷雨。谁知，该县官才设坛祷雨没多久，竟得感应，天油然作云，沛然下雨，立解旱情。因此，他将这一情况写为奏折，上报朝廷。时孝宗皇帝赵昚在位，他读到兴化县的奏章，顿时龙颜大悦，当即下特旨褒奖，封何氏九仙为"嘉应侯"，此为何氏九仙第一次正式受封。

（二）灵显侯

南宋淳熙十四年（1187），仍然是孝宗皇帝赵昚在位，是年夏季又大旱，其旱情自浙而南，受灾面积极大。那时，闽中地区也被旱情笼罩着，久不见雨。于是，朱端学奉命遣吏到九鲤湖祷雨。当祷雨官员摆好香案供品，向九仙属下的龙神祷曰："圣天子下诏，有'永念旱甚，朕心如焚'之语，臣子当若何？神其速应，则主忧可释，吏责可宽矣！"不久，四面八方阴云密布，这祷雨词还没念完，天上就开始下起大雨了。最奇特的是，太守朱端学安坐于府衙之中，忽见"有白龙见尾于云端，自东摇曳而西，观者如堵。方崇奉其水于道宫，旋若泻盆，几历两时"。其响应之速，确实是匪夷所思啊。因此，朱端学立刻陈表上奏孝宗皇帝，遂使何氏九仙又被朝廷封为"灵显侯"。同时，孝宗皇帝还御笔亲书"仙水灵惠"四字赠之，一时荣宠无两，备受瞩目。于是，朱端学提议捐出郡中部分银两，委派兴化县尉马艮臣重修庙宇。

当然，据《仙溪志·祠庙·灵显祠》记载："淳熙丁未，岁旱，郡守朱端学祷之，时有龙见，上其事于朝，敕赐灵显，有敕额记。仍捐郡帑二十万为新其祠。"由此可知，朝廷对九鲤湖敕赐庙额确有其事，但封侯之事，似乎就缺少记录了。不过，总体来说，九鲤湖龙王属九仙辖下，那龙王有受封，九仙自然也少不了受到褒奖了。

（三）惠利侯

宝庆二年（1226），宋理宗登大位一年有余，这完全是宰相史弥远矫诏拥戴之功，故他大权旁落，无法真正意义上亲政。是年，兴化县官员上表称赞九鲤湖九仙灵异，这让年仅21岁的青年皇帝非常好奇，遂启金口，发玉言，特封九鲤湖九仙为"惠利侯"。因九仙远在东南僻壤，又是神仙，不会影响朝政，所以史弥远也没横加阻扰，竟促成此事，一时传为美谈。

四、九仙分灵

1.福建省内

福州市 于山九仙庙，位于鼓楼区东南隅于山风景区内。相传，汉代有临川何氏九兄弟在此炼丹修仙，故又名九仙山。宋崇宁二年（1103），山上建万寿观，又称九仙观。观中主祀何氏九仙（居中）、关帝（居左）、太乙救苦天尊（居右）等。福清九仙宫，位于福清市石竹山风景区内。明王世懋在《名山游记·石竹山记》记载："石竹山是九仙离宫，为行春治所耶……"大旅行家徐霞客曾于泰昌元年（1620）六月游览石竹山后，在《游九鲤湖日记》中写道："……石竹山，岩石最胜，亦为九仙祈梦所。"《闽都记》则说石竹山是"汉何氏九仙所游之地，祈梦辄应"。

莆田市 枫亭仙公阁，位于枫亭镇耕丰村境内。仙公阁，原名仙公洞，旧址在仙（游）惠（安）交界处，有两个大石洞，云遮雾拥，一片幽静，相传是古代仙翁修炼之处。龙华仙门寺，位于龙华镇红旗村钟石山上。寺始建于唐开元四年（716）。五代时，闽国战火纷飞，寺被火烧毁。明建文年间，龙华秀才朱德盛捐地数亩，建一阁楼崇祀化鹤仙人，并列何氏九仙和范侯像。赖店仙公洞，位于赖店新周村内。盖尾斜尾九仙阁，位于盖尾斜尾村内。郊尾仙公寺，位于郊尾镇长岭村与城厢区华亭镇长岭村相邻山脉上。仙公寺，又名长光寺。其始建年代不详，原供奉何氏九仙。后来，香火旺盛，遂建起规模宏大、巍峨壮丽的观音殿，而仙公殿则安于偏房二楼。寺前有顺着陡峭山谷及曲折山势而飞流直下的三叠飞瀑，是春夏游玩的好去处。江口石庭九鲤洞，位于涵江区江口镇石庭村内。石庭顶旧厝九鲤洞，位于涵江区江口镇石庭村内，乃是九鲤洞第一分洞。九华山仙公洞，位于荔城区西天尾镇九华山风景区内。莆禧紫霄仙公洞，位于莆田市湄洲湾北岸开发区山亭镇东仙村东仙山上。

泉州市 洛江区仙公山，位于泉州市洛江区马甲镇，因山上奉祀何氏九仙，祈梦甚灵，声名藉甚，故有"仙公山"之美称。德化县灵鹫岩，位于德化县九仙山风景区内。泉港区仙公阁，位于泉州市泉港区涂岭镇笔架山上。泉港区九真观，位于泉州市泉港区涂岭镇洪厝坑村燕山上。

漳州市 南靖县九鲤飞真寺，位于漳州市南靖县金山镇东建村鹅髻山上。相传，宋代朝廷功臣郑恩的后裔郑英魁从仙游九鲤湖祈梦后，云游至鹅髻山，见此处山水秀丽，便在此结草为庵，修真炼性，兴建庙宇。东山县铜陵镇九仙岩，位于漳州市东山县铜陵镇九仙山上。据《铜山志·卷之五祠祀志》记载：明洪武二十七年（1394），周德兴到铜山城视察，发现守城漳州兵"多不着伍"，遂在兴化"三丁抽一为军，以成于斯"。因兴化人信仰何氏九仙，所以他们便选择西山之地建庙奉祀。

龙岩市 漳平市九仙峰，位于漳平市吾祠乡彭炉村内。相传，彭炉村山上有九位老人在此修炼，后跨鲤升天，遂化为九座相连的山峰，故名九仙峰。

三明市 明溪县九仙观，位于明溪县城关上坊村乌石头的山坡上。观前绿水环绕，观后绿树荫翳，环境清幽绮丽，是客家地区的风水宝地。该观现由海内外九仙信众捐资兴建了大殿、钟鼓楼、祈梦室等，香火终年旺盛。明溪是内陆新侨乡，有10000多人旅居欧洲，号称"八闽旅欧第一县"，许多信众在出国经商之前都要到九仙观膜拜或祈梦。当他们出国富裕之后，便回故乡到九仙观答谢仙恩，从而使九仙观名声大振，成为闽西北客家地区信众朝圣之地。

宁德市 屏南县九仙庙，位于屏南县路下乡岭头村内。建庙时间不详，但考其石柱、石条、石梁、放生池等遗址，可知规模颇大。1989年，岭头村民重建，遂有今貌。

2.台湾地区

台北市 九府仙师普惠堂,位于台北市民权西路70巷49号。该庙自清同治年间,由张和尚先生随巡抚刘铭传莅台,亲奉九府先师符印,开基建庙。嗣后,每逢九月朔旦,敬设九皇斋坛,济世佑民,并授徒传教,弘教显圣,泽被四方。百余年后,又重建庙宇,再塑金身,香火鼎盛。九府仙师法禅堂,位于台北市天祥路60巷4号。天祥路九龙堂,位于台北市天祥路33巷24号。内湖玄明宫,位于台北市内湖区碧山路。

新北市 九鲤湖仙公祖庙,位于新北市板桥区国光路197巷4号。该庙由林成祖从大陆恭请仙公祖(即何氏九仙),遂于清朝雍正年间正式建庙,至今还保存有九仙封号及诞辰。

台南市 九仙神宫,位于台南市下营区。该宫从大陆迎请九仙神君香火,随后雕塑九仙神君神像。同时,该宫还保存了何氏九仙的名号及其主要职责,殊为难得。

附:尚未确认的宫庙

在台湾,除了上述地方有奉祀何氏九仙外,还有一些地方据说也有供奉何氏九仙,但限于海峡分隔,未能深入实地考验确认,只好撮要记录,以待后来者考证。

序号	宫庙名称	地址	概况
01	北极殿玄天上帝庙	台南市下营区中山路一段1号	情况不详
02	名称不详	台北士林	情况不详
03	永兴宫	台中市大雅	情况不详
04	台湾道教总庙无极三清总道院	台中市外埔区水美里山美路813号	情况不详

序号	宫庙名称	地址	概况
05	台东县道教会	台东县	有分炉九仙，但尚未确认供奉状况
06	名称不详	高雄市	宫庙搬迁，确有供奉，但新庙未知
07	顺贤宫	高雄市内门	情况不详
08	名称不详	基隆市	情况不详
09	名称不详	桃园县龙潭乡	情况不详
10	九仙道院（筹）	嘉义县阿里山	预计建九仙道院，目前尚未盖庙
11	名称不详	南投县	情况不详
12	名称不详	苗栗县	情况不详

第二节　何氏九仙与仙游祈梦仪式

九鲤湖祈梦习俗，俗称"乞梦"，雅名"卧游"，始于唐代，兴于宋代，鼎盛于明清。古往今来无数游客来此探幽访胜，其目的多是来寻梦。元代诗人卢琦有《游九鲤湖》诗云"愿借一枕通仙灵"。唐衡州刺史许稷，宋端明殿学士蔡襄、宋枢密院编修郑樵，明礼部尚书陈经邦、大学士黄道周、江南才子唐伯虎、著名学者冯梦龙，清代名臣纪晓岚、梁章钜等都曾来过。据《九鲤梦墨》记载，九鲤湖祈梦习俗包括斋戒、洁洗、品茗、焚香、赏景、求梦、解梦、圆梦、还愿等一整套程式。

一、斋戒

在古代，凡要到九鲤湖祈梦者，不但要沐浴其身，还要斋戒三日，以表诚心虔意。斋戒包含了斋和戒两个方面。"斋"来源于"齐",主要是"整齐",如沐浴更衣,不饮酒,不吃荤;戒主要是指戒游乐,比如不与妻妾同寝,减少娱乐活动。如明代检讨学士黄约仲所述:"余心款款抱素诚,愿借一枕通仙灵。"因为人们要寻求梦境,取决于心神意气,从人类精神学角度分析,应有一定的依据。

二、洁洗

游客到了九鲤湖后,用九鲤湖中的清水净手、洗脸、洁身,除涤污垢,顿觉心神清爽,通体舒畅。这与九鲤湖水含有大量矿物质有关。九鲤湖古建筑"更衣亭"就是为人们洁洗而建的。

三、品茗

九鲤湖海拔600多米,周边盛产云雾茶。游客在九仙祠茶室受到"上,上茶,上好茶"的礼遇,除渴消乏,精神倍增。

四、焚香

游客先点燃三炷清香,在九仙祠前膜拜九仙。并向范姓通仙侯行礼,祀以白鸡,祷告所祈事项。据传,范侯年老听力失聪,古时游人为了使他听清祷告内容,须用玟杯抠其耳朵。留宿祈梦祠后,又焚香三炷,祈求九仙赐示梦境。

五、赏景

入睡之前,游人依例在九仙祠前排椅子上悠然入座,观赏九鲤湖美丽的夜景。月映清湖,风传瀑音,香气袭人,仙境般的美妙境地令人感受大自然的造化与恩赐,人性返璞归真,荣辱皆忘。明代大旅行家徐霞客曾在《游九鲤湖日记》中详细记述道:"晚坐祠前,新月正悬峰顶。俯挹平湖,神情俱朗,静中飒飒,时触雷漈声。是夜祈梦祠中。"

九鲤湖仙灶

六、求梦

祈梦者入睡之前，双手合十，气沉丹田。待心气清静后，和衣而卧，渐然入寐，在鼾声中去寻求属于你的梦境。

七、解梦

据说虔诚者便易入睡，并出现梦境。次日醒来，向祠中解梦之人征询，判别是否为仙梦。古人云："日有所思，夜有所梦。"每个祈梦者都是怀着一片虔诚的心，一路风尘仆仆地为求梦而来，故夜静之时，必有所梦，这是自然之理。至于梦中情节，无论繁简，不分吉凶，当须谨记，好向祠中解梦之人征询。

根据史料记载，九鲤湖司解梦之职的角色历代均有变化。据记载，九鲤湖历代较为著名的解梦大师有明万历年间的道士苏清华，嘉靖年间的兰谷道长，清乾隆年间的山开道长，光绪年间的敬训道长等人。举凡解梦之人，必须为博学之士，对人间百事洞察明了，对前来要求解梦的人进行询问摸底，结合梦境所示，进行精妙的解疑答难，为人们指点迷津，慰藉劝勉，并以心理暗示、心理医疗、药物治疗等手段，给人以圆满的合乎道理的答案。这种例子比比皆是，传为美谈。

八、圆梦

祈梦人所得梦境既经解梦人指点，经过自己的努力，从而实现某种愿望，即是圆梦。如学子求学、官员升迁、男女婚姻、个人身体健康或者求财等，在九鲤仙公的暗示后，只要经过努力奋斗，基本都能遂愿。

九、还愿

当祈梦人的梦境得到实现后，一般来说要答谢仙公，此为还愿。在还愿时，一般要备三牲五果、香烛鞭炮，再到九鲤湖答谢九仙和解梦人。经济许可的情况下，还可以捐金赠银，扶持九鲤湖基础设施建设。在历史上，九鲤湖中的许多古建筑物都是还愿者捐建的。

宋淳熙十四年（1187），兴化军长官朱端学还愿捐金，重修九仙祠；

宋开禧三年（1207），邑人谢懿德还愿，捐建何仙宫；

明正德十一年（1516），宋善长还愿，捐建玉帝楼；

清康熙年间，厦门人林瑞壁还愿，捐金重修九仙祠；

1986年，仙游华侨还愿，捐资重建迎仙公馆等。

第三节　　梦文化与仙游九仙讲述传统

仙游自唐圣历二年（699）置县，初名清源县，属武荣州（即今泉州）辖县。后因武荣州改名泉州，旋又改名清源郡，遂使郡县同名，故将清源县改名为仙游县。这时，关于仙游县名由来的分歧出现了。据唐李吉甫的《元和郡县图志》记载："圣历二年（699）析莆田西界于今县北十五里置清源县，天宝元年（742）改为仙游，仍移于今理。仙游山在县西三十里，县因为名。"而南宋黄岩孙的《仙溪志》则载称："天宝元年（742），改泉州为清源郡，别驾赵颐正以县名同郡非便，奏请改之。因考故事，谓县有九仙人姓何，以兄弟九人登仙得名，遂改为仙游县。"那么，仙游县名来历到底是因山说，还是因仙说呢？

南宋李俊甫的《莆阳比事》引晚唐徐寅之记谓："仙兄弟九人，汉元狩中，自临汝来，居九鲤湖，炼丹成，乘九鲤上升（因以名湖），有丹灶、药槽、虬迹、巨人武在焉。后人告其岩曰何岩，水曰仙水，山曰九仙。"按，徐寅，字昭梦，莆田人。唐昭宗乾宁元年（894），徐寅到长安应试，登进士第，被授予秘书省正字。后，王审知辟佐幕府。由徐寅的记述可知，早在晚唐，有关何氏九仙的传说已经非常流行了，那么，徐寅生活时间与李吉甫撰书时间又比较接近，大约相差70年，由是推测在李吉甫撰书时，仙游关于何氏九仙的传说亦当盛行。因此，南宋的黄岩孙将仙游县名由来归于九仙传说应不是无中生有、凭空捏造的。反正自黄岩孙提出仙游县名来历是"因仙说"之后，在仙游传统舆论中，皆从其说，于是，仙游便有了"是神仙游过的地方"之美誉。

事实上，不仅仙游县名受九仙文化影响而诞生，连其境内山川、河流等，也多以"仙"字开头而命名，从而形成了独特的地名文化。据《仙溪志·仙释》记载："见九子已仙去，因隐此山。今立水仙庙在焉。留仙乃其游憩之山，枫亭乃其结枫之所，湖曰仙湖，岭曰仙岭，水曰仙水，山曰九仙山，县曰仙游，皆本诸此。"又如：

糖曰仙糖（仙游冰糖）。仙游制糖业历史悠久，早在宋代就已通过太平港行销各地。1956年，国家实施第一个五年计划，仙游糖厂应运而生。1958

中国民间文艺之乡

仙游糖厂

仙游糖厂运蔗小火车

年，仙游糖厂成为全国第三大糖厂。最辉煌时，整个仙游拥有仙游糖厂、度峰糖厂、枫亭糖厂、园庄糖厂等五大糖厂，这五大糖厂的收入占仙游财政收入的80%。总长40公里的运送甘蔗的专用铁路，以仙游糖厂为中心，辐射到附近的四个甘蔗种植基地，四个铁路的站点分别是龙华镇的红旗、大济镇的坝头、赖店镇的罗峰，以及榜头镇的泉山。1991年5月，经福建省轻工业厅批准，投资706万元，改窄轨铁路运输甘蔗为汽车运输，建造甘蔗堆场机械化起卸工程（简称"桥吊"工程）。同年12月20日，"桥吊"工程全部竣工，并投入使用。1999年，福建省拍卖行对莆田市最大一宗国企资产——仙游糖厂进行破产拍卖，至此，仙游糖厂正式退出历史舞台。

山曰仙游山、九仙山。其中，仙游山曾被《元和郡县图志》载为仙游县名之由来；九仙山则是因为何氏九仙到过而得名。据《重刊兴化府志》记载："九仙山，在本县东北二十五里高望山之东。峰峦峭拔，林木森翠，石涌飞泉，味甘色白。旧传，何氏兄弟饮此泉，不觉轻举上升。其东有仙迹石，南有侯坂、高平山，御史陈峤子孙居焉。"

仙西村

水曰仙水洋。仙水洋，位于仙游西苑乡凤山村草洋自然村，仙水溪绕村而过，属九仙溪流域，是木兰溪重要支流。本来这段溪流没有正式的名称，因其溪面虽然宽仅30多米，但溪床平展，溪流轻缓，水深在半米之内，溪床少见卵石和泥沙，系整块棕色的平坦石皮构成，沿溪延伸近1公里，犹如天然之水上步行街，与宁德白水洋相似，遂命其名曰"仙水洋"。

溪曰仙溪、九仙溪。其中，仙溪，即是木兰溪在仙游段的雅称。据《重刊兴化府志》记载："仙溪，一名南溪，一名蓝溪，乃仙游县前大溪也。此溪横界县中，首起西北，受永春、德化诸水，向东南行至县前，环绕如带。东过青龙桥，历石马、俞潭，出濑溪，汇于木兰陂，以入于海。南北两部溪水皆入此溪，会而为一，譬则人之有膀胱、大肠也。"因仙溪是仙游境内的主要溪流，堪称百万仙游人的母亲河，所以古人又将仙游县雅称为仙溪。也正因为如此，仙游历史上首部县志，直书其名，曰《仙溪志》。九仙溪，发源于仙游境内最

仙门寺

高峰石谷解，原有两条溪，东北坡涧水叫九溪，水流向北，流入永泰县内，汇进闽江支流大樟溪；南坡涧水叫仙水溪，一路南下，汇入木兰溪。1974年，仙游开始着手跨流域调水工作。仙游于1992年10月正式成立"九仙溪水电开发总公司"，其名"九仙溪"，实为九溪与仙水溪之合称。

洞曰仙门洞、仙湖洞。其中，仙门洞，位于龙华镇境内。据《重刊兴化府志》记载："在钟石山下，有石门，高阔丈余。东畔有石刻云：古有樵夫登山，忽遇一翁，山巾野服，道装游于石下。问曰：'家居何处？'翁答曰：'家居此山中，今五百年矣！'樵夫怪而问曰：'何不见公屋宇门户？'翁以手指石，石开为门。翁入门，化为鹤飞去。"后人建楼阁其所，骚人墨客多题咏。或传其警句云："半空楼阁疑无地，一洞烟霞别有天。"

仙门寺化鹤洞

岭曰何岭、归仙岭。其中，何岭，位于榜头镇与钟山镇交界处。据《重刊兴化府志》记载："何岭，在故兴化旧县西来苏里，以何仙得名。宋陈谠大书'何岭',知县陈喆勒石。其岭甚长,昔鲍居士建庵道侧,建石引泉,与僧如月砌以巨石,里人陈符复捐财而阶之。有泉出石罅,好事者凿石为汗樽,置饮器,以济行者。仙游县主簿林正夫刻'仙泉井'三篆字以表之。"归仙岭,位于大济镇境内。据《重刊兴化府志》记载:"归仙岭,在县西二十五里,俗呼孤单岭。旧志云,唐陈乘、陈光义家岭南,后登第归乡,因名其岭曰归仙岭。"

岩曰大仙岩。大仙岩,位于度尾镇境内。据《重刊兴化府志》记载:"大仙岩,在本里(即兴贤里,今属度尾镇)月峰山上。岁旱,祷雨有验。"

道曰仙港大道,由县城通向仙游唯一的出海口,是仙游境内重要的疏港大道,其命名大意是从仙游到枫亭港的首末两字,直观而大气。

桥曰通仙桥、仙港大桥。其中,通仙桥,位于九鲤湖景区。桥名意为通往人间仙境之桥。该桥重修于1986年,用白色的花岗岩砌成,桥式呈玉带形,远望如月牙儿悬挂在山峦之间。仙港大桥,该桥位于仙港大道上,故名。

村曰留仙村、仙溪村、仙潭村、仙安村、仙东村、仙西村。其中,留仙村位于赖店境内。相传,何氏兄弟经过此处,曾憩于山巅,故山名留仙,而村亦随之。今留仙山已毁,唯留仙村仍在。仙溪村,处于木兰溪畔,位于盖尾镇境内。因木兰溪在仙游段称仙溪,其村名概源于此。仙潭村,处于木兰溪畔,位于盖

何岭题刻

尾镇境内，旧称俞潭。因俞潭与莆田市华亭镇油潭村交界，为了突出它隶属仙游，遂改名为仙潭村。仙安村，位于鲤南镇内，雄踞木兰溪南岸，因木兰溪在仙游段叫仙溪，而仙溪易于泛滥，故村民为了祈保平安，遂叫仙安村。仙东村与仙西村，位于西苑乡境内，皆背靠仙游山，便以在仙游山之东，则名曰仙东村；以在仙游山之西，则名曰仙西村。

寺曰仙门寺、仙正寺、仙公寺。其中仙门寺，位于龙华镇红旗村内。据县志记载："汉时有化鹤仙人游于此，以手指石，石裂开为门，因名其上。"仙正寺，位于盖尾镇仙潭村境内。寺旁有明嘉靖年间廖云龙题写的"第一山"石刻，遂使此山成为莆田入仙第一山。寺亦因此而闻名。仙公寺，位于郊尾镇长岭村境内。相传，何氏九兄弟曾路过此地，故村民便在山上建寺奉其香火。

第一山

工艺曰仙作。仙游工艺制作历史悠久，源远流长，但真正形成现代化品牌商标者，则始于2003年，由时任仙游县文学艺术界联合会主席连铁杞提出仙游古典艺术家具的品牌"仙作"的概念。稍后，向国家工商行政管理总局商标局申请注册，并获通过，名曰"仙作"。"仙作"二字既概括了仙游代代能工巧匠的智慧，又与仙游号称仙乡、美景被誉为仙景、文化界致力打造的"中国梦文化之乡"异曲同工。

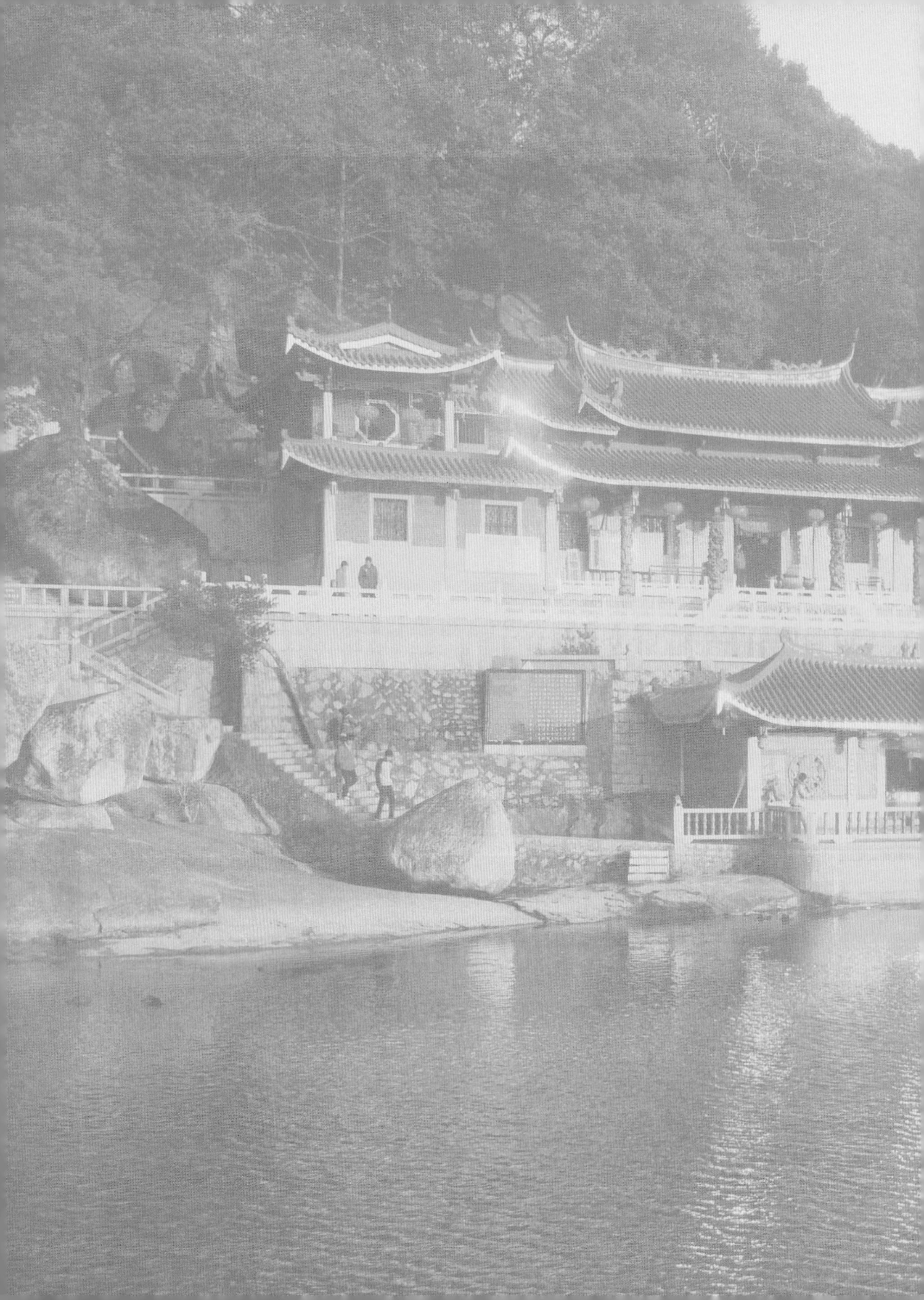

第五章

梦文化与龙江文化

第一节　九鲤仙梦与龙江道学

九鲤湖祈梦习俗起源甚早，神本是姓何，兄弟九人，祖籍庐江，生于豫章，自汉元狩年间迁居九鲤湖，后跨鲤升天，竟至能赐梦，决人休咎。到了唐代，贞元十八年（802）进士许稷曾作《游九鲤湖》一诗，曰："道是烧丹地，依然云水居。山空人去后，梦醒客来初。"这是目前能找到关于九鲤湖祈梦习俗见诸记载的最早文字。后来，九鲤湖祈梦成风，以致成书于南宋宝祐五年（1257）的《仙溪志》载称："神主科名尤灵。诏岁，兴、福、漳、泉士大夫斋戒诣祠下，丐梦不绝。"正因为"神主科名尤灵"，所以自宋代以降，代有书生不辞辛苦地登上九鲤湖祈问前程，其中，明代莆田人林龙江两次祈梦，遂奠定其一生命运，堪称传奇。

一、林龙江家族的梦缘

九鲤湖祈梦灵验，代有盛名。到了明弘治年间（1488—1505），莆田县赤柱人林燿（字弥宣，号迁庵，林龙江高祖）久困场屋，遂到九鲤湖祈梦。九鲤仙公在梦中告诉他说："功名远到，子孙联登科甲。"当他听到"功名远到"后，心中甚是沮丧。不料，没过几年，他便于弘治七年（1494），由府学贡，选任清远（今属广东省）训导。不久，以子林塾封顺天府（今属北京）推官，以孙林富赠兵部右侍郎，卒年七十五岁。此亦算是"子孙联登科甲"之验了。

到了林富（字守仁，号省吾，林龙江祖父）时，他见其祖父在九鲤湖得梦兆甚准，便有样学样，也去九鲤湖祈梦，得一梦语称"快打马，做三十年好官"。梦醒后，林富仍记得梦中语言，真是满面春风。弘治十五年（1502），林富登进士第，得授大理评事。后累官至两广总制，落职居家而卒，年六十六岁。著有《省吾遗集》《奏议》二卷，参修《广西通志》等。

事实上，林弥宣之梦，并非只到孙辈，而是远及玄孙，甚至更远的后裔。如其曾孙林万潮（进士），玄孙林兆金（进士，林龙江之兄）、林兆珂（进士）等，皆登进士第，玄孙林兆箕、林兆玭等，俱得乡荐，洵属盛事。因此，明代康当世所编的《九鲤湖志》，特将其事迹载入志中，其事迹如下：

九鲤湖

莆林弥宣为诸生时，谒梦鲤湖。梦一人语之曰："功名远到，子孙联登科甲。"后，弥宣官清远训导。子少参塾，孙司马中丞富，曾孙司理万潮，玄孙主政兆金、太守兆珂俱进士，兆箕、兆琓俱乡荐，兆箕官别驾。

林富之梦则载称：莆林侍郎富谒梦，梦一人语之云："快打马，做三十年好官。"已而，弘治戊午领乡书，登壬戌进士第。历宦三十年，至少司马，总制两广。

二、林龙江应试梦

嘉靖十九年（1540）秋天，林龙江独自一人登上九鲤湖。当他到达九鲤湖后，根本就没心欣赏那优美的风景，反而迫不及待地按照九鲤湖祈梦程式，依次进行盥手、进香、焚疏、祷告、安枕、待梦等步骤，为了图个好兆头，他特意提前模仿状元林环[字崇璧，号絅斋，永乐四年（1406）状元]所作的《上九鲤湖何氏九仙丐梦疏》，希望沾点状元才气，以便九鲤仙公也能给他一个好梦。

其疏曰：

窃以一饮一啄，莫非前定，智力岂容百发百中？靡不先知，神明是祷。悯此醉生梦死，愿祈入圣超凡。恭惟何氏九真人，修炼蜕身，已见当年跨龙去；分明告我，仁看今夜骑鹤来。况此化鲤洞天，伊昔遗鞭福地。伏念兆恩叨居尘世，自惭白屋穷途；妄意烟霄，未遂青云得路。爰欲问灾问福，不辞至再至三。稽首悃言，执礼虔恭，面北即心，可达玄机，愿获指南。

当林龙江声情并茂地诵读这篇祈梦疏后，便行三跪九叩大礼。礼毕，道士引他到祈梦室休息。说来也真奇怪，他才合眼不久，居然就有些迷迷糊糊。这时，但见一个鹤发童颜的老道迎面而来，笑语盈盈地说："林龙江，你今日到此，我别无所赠，就送你一句话吧！你可听清了，麒麟其事业，当代其文章。"林龙江听得真切，但不明所以，本要追问解释，谁知那老道竟然一闪即没，吓得他失声大叫，竟自吓醒了。

在唐代，卢生因黄粱一梦，竟然大彻大悟，遂谢曰："夫宠辱之道，穷达之运，得丧之理，死生之情，尽知之矣。此先生所以窒吾欲也。敢不受教！"而林龙江得了"麒麟"句后，纵他博学多才，也解不出其中的奥妙。虽然他知道孔子因听说鲁哀公西狩获麟，遂将《春秋》了了结束；司马迁因听说武帝获白麟，亦将《史记》终篇，可见麒麟事业不一般。至于所属何意，则甚难解答。不过，"当代文章"的意思很明白，大抵是文章合于时流，不同寻常罢了。虽然一句话只解一半，但也是好的兆头。

三、林龙江学道梦

嘉靖二十五年（1546），两次科举失利后，林龙江于是年的科考前夕，心情异常紧张。然而，前程则是每个人都想预先知道的。因此，林龙江族人自告奋勇，替他再上九鲤，重问科名，以卜未来。对此，林龙江表示欢迎。不料，这次九鲤仙公并没有实言相告，而是给来人一个场景，只见有个盆子里面装着三粒骰子，两粒已定为四，安处盆中，还有一粒却旋转不停，真是奇哉怪也。有鉴于此，林龙江将这个梦境请教许多人，但没有人能给出一个令人满意的解释。后来，有一个八股生说："三骰入盆，一粒旋转不停，两粒显示为四，即

么四四之象。我们福建又称八闽，这四四者，不正是指代八闽吗？至于那一粒旋转不停，是唯一，合起来说，自然是八闽第一了。"这真是会者不难，该梦经此人一解释，确实越说越像，大家都一致认为林龙江今科必定高中，毕竟他文名久著，考个省魁也没什么好稀奇的。

是年八月，林龙江如期到福州参加省试。由于林龙江家人到九鲤湖祈梦的结果早就不胫而走，因此兴化学子都在私底下传言林龙江今科必中，以致参加省试的其他七府学子也跟着起哄。可是，等到正式开考时，林龙江每参加一场考试，就换一条头巾，其怪异之举，更加惹人注目，以为他胜券在握，这才如此招摇。谁知，是科放榜，举人90名，排在榜首的人物竟然是闽县洪世迁，第2名则是兴化府陈南星，第8名为兴化府陈言，至此，前10名内，没有林龙江的名字。再看后面80个名额中，有20个兴化人，其中第12名是郭应聘（字君宝，号华溪，进士，累官至南京兵部尚书），但无林龙江的名字。如此说来，林龙江居然名落孙山，一败涂地。看到这儿，林龙江心如刀割，五内俱焚，但为了保持风度，不便发作，只好强颜欢笑，颓废而归。

福州与莆田毗邻，路不远，故林龙江回莆田很快，但伤心之极，无话可说。因此，他一到家就闭门不出，专心省视自己这许多年来的求学历程，最后他得出一个结论，即使考取功名了，至多也就封妻荫子，一时富贵而已。像他父亲，一辈子没有功名，因父荫而取得太学生名分，但不为官，做个土财主，日子还不照样过得红火。当然，富与贵，终不长久；功与名，亦归尘土。这时，他突然对不生不灭的道产生浓厚的兴趣，遂暗下决心，要参学悟道，做个逍遥自在的人，省得天天尔虞我诈，蝇营狗苟，不得安生。

事实上，林龙江不但那样想了，而且确实那样做了。起先，林家人以为他只是一时气有不平，这才有所改变，便尊重他的选择，不加干涉，听之任之。渐渐地，林家人发现他研道的劲头越来越大，瘾越来越重，人越来越怪，似乎有些走火入魔，疯疯癫癫。凡是有人说某某人有道行，他就会千方百计地去拜访求教，即使千金相赠，也在所不惜。甚至遇到一些邋邋平庸之辈，他也诚心请教，长跪求法，绝不在乎对方到底有没有道义。于是骗子纷纷奔来，寻开心者也变着花样戏耍于他。到最后，整个莆田城内都知道他在痴心学道，都说他是想中举想疯了，这才误入歧途，癫狂成性。对此，林家人十分伤心，也曾百般劝阻，万种开导，但他一意孤行，辩才无碍，甚至以死相逼。有见于此，林家人也不敢逼得太急，说得太多，遂尊重他的选择，不再横加干涉与指责。也是林龙江前世修来的福分，家中有钱，家人听任，是故，他弃名学道的路是坎坷的，但其背后的支持还是相当给力的。

庆幸的是，林龙江有些文化底子，虽然求贤若渴，唯道是尊，但其心中仍有定见，尚不能被一些江湖骗子牵着鼻子走。不过，毕竟他是儒生出身，便想学得儒学至道，也希望能像心学大师王阳明那样龙场悟道，内圣外王，风行天下。可惜，当他与儒者学道时，"徒见其详于手容足容之间，掊析支离之陋，恐孔门授受之指似不如此也，乃复弃去儒者之学"。再向道、释之流求教，"徒见其溺于枯坐顽空之习，搬精闭气之术，又恐释迦老子之道似不如此也"。至此，他顿感孤独，无所适从。想向人学道，可是明师难遇，正道难

第一蓬莱

逢，忧愁愤闷集于一身，好像穷人流离失所，贫无立锥之地，其心之凄苦，实难拟喻。

后来，林龙江去江西领取他叔父林万潮（死于赣州任所）尸骨，偶遇明师，得其指授，竟豁然开朗，始言三教合一之说，终成三教合一学说之集大成者。尤其可贵的是，这位路途中偶遇的明师曾告诉林龙江艮背、行庭微旨，言简意赅，直泄道妙，遂使林龙江登堂入奥，异于常人。

嘉靖二十七年（1548），莆田南渚林有个卓晚春，他本是醴泉柳营人，因其父母早亡，故随姑母在南渚林生活。这卓晚春小的时候就有异能，人称神算子，不读书却会作诗，还善于写草书，自号上阳子，又号无山子，人们都叫他小仙。一日，他通过望气走到林龙江家。那时，林龙江恰外出，遂由林龙江的母亲李氏接待卓晚春。卓晚春见到李氏，就感慨道："安得瑞气绕屋乃尔？定有异事。"对此，李氏也颇好奇，问道："是我儿要登第吗？"晚春答言："这不足为奇。"于是，李氏又问道："是我儿媳妇要生儿子吗？"晚春又答言："这也不足为奇。""那么有什么事情足以称奇的呢？"李氏追问道。晚春认真地答言："肯定是有人得道了，这才会瑞气腾腾，不绝如缕啊！"李氏闻言，连忙问道："难道是我那二儿子，他放弃举业，真的得道了吗？"晚春见问到门道了，就与李氏聊起了林龙江的事情。

不久，林龙江回来了。卓晚春一见到林龙江，就抓起他的手大笑不止。林龙江见状，知道卓晚春有"小仙"之号，遂开玩笑地问道："听说小仙你是神算子，那么两个一合起来是多少呢？"晚春说："你等一下，我给你算算。"林龙江又问："听说你还善于作诗，要不我们一起联诗吧！"不料，林龙江起句快，而卓晚春和句总是慢了一拍。没过一会儿，卓晚春就气呼呼地说："我来，难道是与你联诗的吗？"说完，卓晚春就拂袖而去了。

过了几天，林龙江后悔道："莆田人闻小仙大名，谁不礼敬？我是道人，不礼敬他，反而戏弄慢待他，真是太不应该了。"因而，他便叫其堂弟到南渚林郑重邀请卓晚春再到林府一叙。当卓晚春来后，宾主之间，交流甚欢。席间，林龙江便拿家人在九鲤湖所得的"么四四"梦境请教于小仙。小仙说："这乃是九鲤湖何真人诱进你的啊。所谓么四四，一么独旋转不住者，正是九转还丹也啊。这个你久后自当知道。"

自此，两人遂相友善，纵饮行歌，人们便称他们俩为卓狂林颠。林龙江曾作诗以自解，其诗曰："飘飘云外一闲人，释服道鞋又儒巾。沿街呼我为颠子，颠字原来两个真。"而卓晚春所言，人多不解，唯有林龙江善听善解。人们有问祸福休咎，他都会隐隐然言之。相传，林龙江九序心法中的五序、六序是卓晚春指点的，不过，后来林龙江的成就更大，遂有"三十年前师度弟，三十年后弟度师"的民间说法。

四、林龙江的三纲卦

自从林龙江学道有成后，他见世人痴情于未卜先知，遂着手创立三纲卦预测法。由于他创立的夏教（又称三一教，俗称三教）在莆仙两地影响甚深，再加上他与九鲤湖渊源深厚，以至于他的三纲卦预测法一经创立，便被九鲤湖的道人所采纳了，竟成了九鲤湖占卜文化中的一种有益补充。

林龙江认为："三纲礼之大者，殷因夏，周因殷，而莫之有改也。故循三纲而行之，未有不吉者；逆三纲而行之，未有不凶者。由是观之，吉凶无常，亦惟在于三纲之循逆，而非他也。"由是他创造性地制定了三纲卦预测法，旨在"以前民用，俾二氏者流，各率乎嗣续之常，而尽其人伦之大也"。

对于三纲卦的占法，林龙江曾作了八条规定，它们分别确定了三纲卦的卦象、君臣父母男女夫妇、占卜方法及时日方向等。其具体规定如下：

1. 卦以乾坤日月为象。
2. 乾为君，坤为臣。日为君，月为臣。
3. 乾为父，坤为母。日为男，月为女。
4. 乾为夫，坤为妇。日为夫，月为妇。
5. 卜用三钱，三钱俱仰为纯阳，为乾；三钱俱覆为纯阴，为坤。一钱仰为少阳，为日；一钱覆为少阴，为月。
6. 时日方向，先卦以乾戌坤未日午月子，后卦以乾子坤午日卯月酉。
7. 乾之数三，坤之数四。日之数二，月之数一。

8. 三纲礼之大者，殷因夏，周因殷，而莫之有改也。故循三纲而行之，未有不吉者；逆三纲而行之，未有不凶者。由是观之，吉凶无常，亦惟在于三纲之循逆，而非他也。故以三纲名卦，以前民用，俾二氏者流，各率乎嗣续之常，而尽其人伦之大也。

遵循林龙江的三纲卦占卜方式，总共可以获得16个卦象，每个卦象所代表的意涵又不尽相同，这正好满足人们用占卜的方式预测未来吉凶的要求。其断语如下：

1. 先乾后坤卦　纯阳纯阴，三纲既明。
2. 先坤后乾卦　纯阴纯阳，三纲既张。
3. 先日后月卦　凤凰哕哕，三纲始备。
4. 先月后日卦　牝鸡喔喔，三纲日隳。
5. 先乾后日卦　纯阳而阳，阳道未亢。
6. 先坤后月卦　纯阴而阴，阴道未极。
7. 先日后乾卦　阳而纯也，阳寖昌也。
8. 先月后坤卦　阴而纯也，阴寖长也。
9. 先日后日卦　日中而昃，三纲渐失。
10. 先月后月卦　月盈而亏，三纲渐非。
11. 先乾后月卦　纯阳而阴，纲乎中也。
12. 先坤后日卦　纯阴而阳，柔乎中也。
13. 先乾后乾卦　其阳已亢，厥咎外鳏。
14. 先坤后坤卦　其阴已极，厥咎内怨。
15. 先日后坤卦　阳变纯阴，女戎方獗。
16. 先月后乾卦　阴变纯阳，阳德方亨。

16则断语短小精悍，意蕴深刻，而每个人心中所藏之事，又各不相同，那么要怎样运用这些断语呢？林龙江自己曾经说过："噫！占者能明乎纲之理，则君臣以义，父子以仁，夫妇以别，邦乃其昌，家用以宁。而唐虞三代之盛，复见于后世也。若占者复参诸易，则性命之微亦思过半矣。但人伦之大尤切于民生日用之常，而为趋吉避凶之要路者，不能违也。"

后来，林龙江的弟子黄大本在给《三纲卦》作跋语时，也曾指出："夫卦以阴阳匹偶为吉，孤亢为凶者何也？以夫妇为人伦之始，而三纲之卦实为二氏者谋也。大本窃以为先乾后乾，亦可为全阳之羽客；先日后日，亦可为继照之大人；先坤后坤，亦可为厚德之君子；先月后月，亦可为久节之妇。占者不必滞辞，变而通之可也。然三纲为万事之根，而一心为三纲之本，故一念而善，即阳也，阳而昌也，宁无吉乎？一念而不善，即阴也，阴而长也，宁无凶乎？稽之行事，灼有灵验，是盖以一心之微，而见之人伦日用之际，固不待叩之龟筮，自有以执鬼神之机，而为吉之先见也。此亦得闻之宗师者，谨书末简。"如此说来，这16则断语是固定不变的，但占者切不能拘泥于辞，而应该结合实际情况，"变而通之"，那自然无有不验了。

第二节　九鲤仙梦与三教人物

自从林龙江得遇明师，始言三教，特别是他创立夏教（又叫三一教，俗称三教）之后，因其与九鲤湖有甚深的渊源，故其门中人物无不视九鲤湖为圣地，经常会结伴去进香朝拜，以结法缘。后来，清康熙、乾隆年间，该教先遭毁祠，继遭禁书，一度式微，仅余莆田与仙游两地易名苟存。到了清朝末年，该教初步复兴，至今已在莆仙两地全面恢复，甚至蓬勃发展。在民国时，关佛心谈到三一教对仙游的影响时说："仙游奉三教者，差不多全县皆是，几乎认三教为县教的了。每乡必有一祠，无论谁家中遇着什么事，都要请三教先生决疑。……每年阴历七月十六教主诞日，每乡十余众，旗鼓音乐，沿途杂奏，赴东山三教祖祠进香，在一个月里，络绎不绝。"由此可见，仙游人信仰三教先生之众之诚了。正因此故，所以九鲤湖的香火异常旺盛，大名远播。

一、卓晚春与九鲤湖

卓晚春，生卒年不详，自号无山子、上阳子、上洋子，是莆田醴泉（今属秀屿区东庄镇营边）人。相传，晚春6岁父死，8岁母逝，孑然一身，由姑母抚养。自从晚春跟随姑母生活后，他未曾入学，竟能识文断字，以至8岁善于筹算，14岁能诗，16岁能书、画，尤其擅长草书，又能预知未来，一时轰动整个莆田，有小仙之号。

嘉靖二十七年（1548），林龙江正痴迷于道，故晚春登门拜访，但两人初遇不快，再逢则相谈甚欢，结为至交。他们"晨夕谈讨，纵饮行歌"，形影不离，有"卓狂林颠"之誉。两年后，林龙江兄长林兆金考中进士，林家大喜。这时，有人劝林龙江复事科举，但他却态度坚决地说："恩究竟性命，从事圣贤，唯求无忝所生，为天下万世斯道虑，一身富贵非所志也。"至此，晚春深知林龙江弃名学道，矢志不移，遂赠诗一首，曰："龙江原是好秀才，今日相邀步玉台。一心放去随流水，不是道人做不来。"之后，晚春先后启发了林龙江，使他探得"人身乃一天地"的真谛，觅得了《九序心法》内丹理论的前五序的本源。

关于卓晚春的传奇故事很多，其时，倭寇屡犯兴化，有人问他道："莆阳将来局势若何？"晚春口占一首诗，曰："君问莆阳事，官贪吏要钱。八方七不静，十室九无烟。黎庶苦中苦，乾坤颠倒颠。若过壬戌岁，方见太平年。"嘉靖三十三年（1554），晚春托言北行，经过宁海桥时，对路上行人说："我去后，桥石折，莆阳变矣！"过了两年，宁海桥的石梁果然断裂。嘉靖四十一年（1562）十一月，时值壬戌年，倭寇攻陷兴化府城，莆仙两地百姓深受其害。

他曾慕名登临九鲤湖，并留下诗篇《九鲤湖》。其诗曰：

道人来时江月晓，道人今去海山秋。
不知何处吹玉笛，湖里梅花空自流。

二、卢文辉与九鲤湖

卢文辉（1564—1617），道号性如，又号子觉子，生于明嘉靖四十三年（1564），是莆田涵江卢峰人。性资英迈，少负奇才。20岁时，补郡弟子员。文学书法，皆有涉猎，颇有盛名。邑丞林国宁见之，视如拱璧，遂招赘于家，妻之以女。

瀑布漈

　　隆庆元年（1567），林龙江已过了知命之年，开始准备寻找接班人，但一直都不甚满意。有一次，他在福州，闭门谢客，连续七天持斋，端坐冥想，希望找到传人。这时，一个恍惚，灵光一闪，他顿时开怀大笑，兴奋地说："我找到传人了，我找到传人了。"门人闻言，争先恐后地询问说："是谁啊？是谁啊？"林子故作神秘地说："是位姓卢的人，唯他能弘我夏教，昌我教派。"当门人再继续刨根究底时，林子说："天机不可泄漏，久后自明也。"于是，其时凡有姓卢的夏门弟子，莫不被门人礼敬，人人皆说："三教之传，惟待卢君。"

　　后来，卢文辉因为妻子生病，听人指点，遂到莆田寻访林龙江，志在求医。然而，两人相见如故，相谈甚欢。文辉当场拜师求道，并即日获得"九序心法""歆然惟道是求"。万历二十一年（1593）十一月，林龙江著《道统中一经》，命文辉为其结集，倚重之意，不言而喻。翌年，礼部移文购天下遗

书，兴化郡县向林龙江征求文稿。这时，他又命文辉重新删校编辑其生平著作，共36册，标名为《林子三教正宗统论》。万历二十六年（1598）正月，林龙江对文辉坦言："孔子、老子、释迦同来请我，主持三教，普度三门，我将归矣！"又指着自己的身体说："一心无挂碍，本体本虚空。""真心无灭，明此心，了此性，天下徘徊。吾今归后，道属尔躬，尔其勉之。"因此，文辉成了三教嫡传弟子。一时四方人士，王公显贵，凡慕林子而不得见者，莫不执贽于卢文辉门下。同时代的门人弟子也知道卢文辉是林子道统的继承者，"亦无不北面事之"。甚至有人题句赞颂道"一时俊彦尽在甄陶之中"。

万历三十六年（1608），卢文辉在涵江瑶岛建立三教祠。次年，卢文辉命陈衷瑜纂辑《三教龙华醮祷》《兰盆科仪》等书。万历四十一年（1613），他又重新整理修经授课之所，取名"结经馆"，并在此塑林子像，自己从旁配之，还题诗赞曰："正气浩然周一切，遍满六虚广无际。度天度地度鬼神，度己度人度万世。"万历四十五年（1617），大宗祠落成，卢文辉亦于是年端然危坐，拱手而逝。生前著作有《卢子要言》《夏心集》《中一

玉箸漈

绪言》《性灵诗》等。

卢文辉在世时，曾步三教先生林龙江之后尘，登临九鲤湖览胜访道，颇有所得。其间，他还留下一首《游九鲤湖》诗，清雅有致，屡被三教门人引用。其诗曰：

仙人跨鲤去朝天，古洞青芝紫雾莲。
月印湖心通真息，飘然驾鹤啸沧溟。

三、陈蛟年与九鲤湖

陈蛟年（1902—1980），仙游榜头镇象塘人。其父陈绳祖，母黄氏，一家三代持斋。民国六年（1917）八月十五，蛟年会同本村好友到九鲤湖求仙梦。次日上午，恍惚之中，忽见一老妇对他说："坐吃坐吃，天天做性做命。"待

五星漈

他醒来后，遍问众人，竟然莫知其兆。后来，普光书院林文道长路过象塘，蛟年以梦中语请教，林文解释说："梦中讲做性做命，是要你修行，即性命双修也。"这时，蛟年福至心灵，当即要拜林文为师，学龙江之道，可惜，机缘未到，此事便搁置了。

翌年夏天，一日中午，蛟年在家午梦时，忽见一老妇对他说："吾扶汝长，须要修炼。灯灯续焰，代代相承。光辉法界，泽被十方。教门已开，可师普光。"这话让蛟年印象深刻，遂于当年六月十五到普光书院拜林文道长为师，习九序心法。大概是蛟年福缘深厚，他才修习九序心法一个月，就有甚深境界。一个月后，恰好是林龙江诞辰，蛟年阳神赴东山祖祠觐见三教先生。时先生见蛟年来到，当即含笑赐坐，并殷勤嘱咐说："此座待汝久矣，但坐无妨。汝乃罗汉金身，既入吾门，是吾门徒。尔后教运，端赖汝力。开教度世，切勿辱命。"

其时，中国大地军阀割据，兵荒马乱。蛟年为了安心修持，遂入莆田梅峰光孝寺剃度出家。后来，因缘际会，也是三教当兴，他便于1951年重回故里，开始广收门徒。1980年九月初三日，蛟年预知时至，端坐拱手而逝，享年79岁。

后来，因蛟年在西苑琼岭垅主坛出乩，声名噪响，遂有世子真人之誉。于是，他生前的弟子便在师父故居附近建起世明书院，这便成了世子真人信仰总坛。当然，世子真人信仰大兴之后，他未曾忘记自己在九鲤湖祈梦所得，遂经常派遣门下弟子到九鲤湖进香朝拜，以结法缘，以助修行。

第三节　三教科仪与《九仙经》

由于林龙江生前与九鲤湖的何氏九仙有些交集，所以三教门人十分崇敬九仙，并不约而同地自觉弘扬九仙文化，世代相承，不遗余力，堪称奇观。其中，林龙江文化的核心精髓是大爱、创新和包容，以是之故，三教门人积极推动九仙文化的传播，使其在我国宝岛台湾地区落地生根，还促使它下南洋，现身于新加坡、马来西亚、印度尼西亚、文莱等国。除此之外，三教门人还辑录了《三教先生说何氏九仙经》，从而融合三教科仪，演于九仙神坛之前，不仅

石门漈

寓教于经文，而且娱神娱人。当然，三教科仪本来就是折中儒、道、释三家的经典仪式，并有所创新而已。诸如焚香、开坛、请水、扬幡、宣榜、荡秽、请圣、上表、落幡、送圣等，颇多神秘色彩，非寻常人所能熟稔。后来，三一教发展受挫，高贤匿迹，以致礼拜何氏九仙的活动多由道士或和尚主持，《三教先生说何氏九仙经》被束之高阁，置之不用，遂湮没无闻了。现将该经部分抄录如下，以壮观瞻。

三教先生说何氏九仙经

如是我闻，一时三教先生在仙溪九鲤湖畔，与诸大弟子百六十人俱，皆是贤真，众所知之。卢子文辉、张子洪都、朱子逢时、张子一夔、游子思忠等，如是诸大门贤，并诸建祠力士黄芳、苏箦、林红、陈芹、冯一、冯二等，及山神土地、里社庙主等无量诸神众俱。

尔时，三教先生告诸大众："何氏九仙，累劫熏修，至汉而显，由唐而彰，历乎五代，盛行宋元，逮及皇明，愈益隆昌。是故吾昔青年，为卜前程，曾诣是观，躬求指点，幸得二言，麒麟事业，当代文章，兹语平常，竟蕴奥义。后托亲人，再登九鲤，继问科名，三骰赛色，二子皆四，一么久旋，莫名其故，仍落孙山。由是心灰，无意仕途，转向道学。出儒进道，舍道研释，忧愁愤闷，殆若穷人。适天垂怜，偶遇明师，指我心圣，始明三教，即倡合一。当此之时，有卓氏子，俗名晚春，自小异慧，不读而能，筹算诗书，信手拈来，世称小仙，汝等亦知。因其望气，知瑞在我，遽寻启蒙。仰其引领，益我功夫，解我梦境，说破赛色，论定九转，促予志坚，擘开夏午，亲证不朽，合纵三门，愿作依归。因缘际会，乃得诸子，光大吾门，甚可欣庆。至今思来，九仙功崇，岂可忘怀？然其道深，尔等知否？"

时卢子文辉在大众中，趋前作揖，手抱太极，神情庄重，而白师言："否也，先生。我等素闻九仙擅梦，或正或反，皆兆来萌，惟有智者，能会其意，善解其征，除此而外，未知有道，遑论甚深。惟愿先生，大慈哀愍，详加开示，俾诸与会，皆获饶益，令如说行，早臻道境，速跻乐土。"作是语已，卢子深揖，备极恳切。时诸大众，不约而同，皆言愿闻。

于是三教先生朗声直言："何氏九仙，兄弟九人，一母同胞，诞于何家，长于汉景，籍在临川。其父幕于淮南，颇受倚重。然淮王心野，不甘雌伏，久蓄异志。九子窥知，屡劝父隐，奈何老何贪禄，不听谏言。以是之故，九人潜逃，由赣入闽，自榕之仙，间多坎坷，苦不堪言，及至鲤湖，辄开笑颜。其时榕为冶县，仙未置名，荒芜之陬，尤适静修。幸喜九何心纯，各具慧根，既笃于隐，又皆乐静，如是用功，一日千里，忽证至道，叹未曾有。于是采药炼丹，益己助人，救死扶伤，多作功德，广敷覃恩。内外兼修，化境已成。丹渣入湖，九鲤得升。九何跨鲤，皆作仙人。附民见状，骇突奔走，会集而拜，奉为正神。逾百年后，道陵创教，千经万典，只为修真。然其修真之道，曾离静乎？成仙之术，能少功欤？以是言之，九仙垂范，是珍是宝。吾辈学道，应知应会。"

尔时冯一心自念言，九何成仙，毋庸置疑，九仙掌梦，所以者何？

三教先生知其疑意，即告冯一："九何成仙，淮王败亡，以是之故，何翁何媪，相携入闽，蹑子踪迹，寻至仙溪。及闻九子皆仙，悲欣交集，情难自禁。其时，二老年衰，无力返回，遂隐于仙。九何见状，常于梦中，安慰父母，屡指利好，无不应验。附民闻讯，追风奉祀，殊多祈求，亦皆称心。于是积功累德，惊动天使，荣获玉封，各各有号，总敕名曰：天下梦境都总管仙，俗称九仙。

"其一曰应天仙君，职司应天弘道，乃为全面之仙；

其一曰厚福仙君，职司健康、长寿、福气、医药等事；

其一曰宏仁仙君，职司家庭、子嗣、姻缘等事；

其一曰广富仙君，职司财富、农工商渔牧等事；

其一曰济世仙君，职司事业、文章、功名、仕宦等事；

其一曰体道仙君，职司人文、道德、忏悔、升转等事；

其一曰通神仙君，职司风水、环境、居家、卜算等事；

其一曰显圣仙君，职司出行、平安、庇佑、外交等事；

其一曰定慧仙君，职司修行、弘道、护法等事。

"于是九仙听宣玉旨，悉皆发愿：自今以后，无论士农工商，贵贱寿夭，人非人等，诸凡有脑，皆予赐梦，昭示前途，俾诸通达。或排兵布阵，或官非口舌，或子息艰难，或择偶求夫，或功名富贵，或疾病缠绵，或祷雨消灾，但能起恭敬心，或称吾名号，或诵吾真经，或礼吾宝山，吾即感应，令其所愿遂心，所求如意。吾常游行天界，遍察人间，以至九幽坏壤，一切去处，令诸所求，悉皆遂愿。

"于是人间帝王迭相敕封，褒以侯爵，一曰嘉应，一曰灵显，一曰惠利，皆以祷应，备受尊崇。"

是时冯二闻此九仙不可思议掌梦因由已，叹未曾有，急忙问曰："唯然，先生。吾等既知九仙掌梦因由及其誓愿，亦欲明其诞辰与成道日，便于我等及未来世善男女等择日纪念，同沾利益。"

三教先生赞曰："善哉，冯二。如汝善问，我且告汝。九何成道，时在重阳，登高之期，汝等宜记。至于诞辰，各各不同，亦应牢记。老大应天仙君，诞于九月初七；老二厚福仙君，诞于十月三十；老三宏仁仙君，诞于五月初一；老四广富仙君，诞于四月十五；老五济世仙君，诞于三月十五；老六体道仙君，诞于二月初三；老七通神仙君，诞于三月十二；老八显圣仙君，诞于十月二十；老九定慧仙君，诞于七月十五。如若尔等及未来世善男女等，能于以上诸日称名礼赞何氏九仙，或志心读诵此经，或请人读，其数五遍或九遍，则现世安枕，无有恶梦；居家静养，无诸横病，衣食丰溢，上下相亲，远近礼敬；行走于世，无往不利，有求皆得，快意舒心，难以拟喻。"

第六章

梦文化与道教文化

第一节　道教与九鲤仙梦

道教是中国本土宗教，以"道"为最高信仰。道教在中国古代鬼神崇拜观念上，以黄、老道家思想为理论根据，承袭战国以来的神仙方术衍化形成。东汉末年出现大量道教组织，著名的有太平道、五斗米道。不过，太平道在历史上只是昙花一现，汉末便已消亡；而张道陵尝试创立教团组织，则标志着中国道教正式创立。道教与中华本土文化紧密相连，深深扎根于中华沃土之中，具有鲜明的中国特色，并对中华文化的各个层面产生了深远影响。其中，道教对中国的梦文化，特别是仙游九鲤湖的祈梦文化影响深远。

一、两汉时期

中国的祖先创造了光辉灿烂的历史文明，其中夏商时期的甲骨文，殷商的青铜器，都是人类文明的历史标志。大思想家孔子和其他诸子百家，开创了中国历史上第一次文化学术的繁荣。由于历史的局限性，这个时期的先民信巫尚鬼，敬畏天帝，这可以算是原始道教的萌芽。

汉武帝元狩年间，何氏九兄弟已经从江西临川出发，迈入仙游九鲤湖，开启他们隐居炼丹之行。因为在过去传统中，梦境有预示未来的效果，所以何氏九兄弟便借梦的形式将他们的智慧遗于九鲤湖，附近群众获益无穷。可惜，当时仙游尚未置县，境内居民多为闽越族野老，未得何氏九兄弟真传，以致何氏九兄弟跨鲤升天后的很长一段时间里，他们的事迹或神迹，并未大显。

自从何氏九兄弟飞升后，大约过了100年，张道陵之母梦见魁星下降，感而有孕，遂于汉光武建武十年（34）生下他。据说，张道陵生时满室异香，整月不散，黄云罩顶，紫气弥院。他自幼聪慧过人，七岁便读通《道德经》，天文地理、河洛谶纬之书无不通晓，为太学书生时，博通五经，后来叹息道："这些书都无法解决生死的问题啊！"于是弃儒改学长生之道。到了汉顺帝汉安元年（142）正月十五日，传说太上老君降临蜀地，传授张道陵《太平洞极经》《正一盟威二十四品法箓》，三五都功玉印、雌雄斩邪剑等经书、法器，拜为天师，嘱咐天师广行正一盟威之道，扫除妖魔，救护生民。于是，张道陵便设

祈梦圣地——九鲤湖

立二十四治，广收门徒，教化于民，此为中国道教之始。

由于中国道教创立之后，自身仍然需要不断发展完善，故刚开始时对祈梦文化的借鉴汲收，多于规范引导。

二、三国至隋唐、五代时期

在中国道教创立之前，印度佛教已通过白马驮经的形式传入中国。相传，印度佛教传入中国是源于汉明帝刘庄的一梦。东汉永平七年（64），刘庄夜寝南宫，梦到一位身高六丈，头顶放金光的神人自西方而来，飞绕宫殿。次日告知大臣得知梦中神为"佛"时，这便有了史书上记载的派遣使臣去天竺求佛的事情。永平十年（67），刘庄派去的人用白马驮经回到洛阳，为此"白马寺"成为中国历史上第一座寺院，史称"永平求法"。说这段往事的目的是说明：中国道教创立在佛教之后，多少有借鉴的痕迹。当然，佛教作为外来宗教，要

九鲤湖禅寺

想在中国落地生根,就必须与道教处理好关系,这就有了"援道入佛"的事迹。因此,佛教与道教之间,有着牵扯不清的关系,甚至有人提出融合的建议。

当然,佛教毕竟理论纯熟圆融,因此,它一旦融入中国后,就迅速发展起来。与此同时,道教也迅猛发展,这是道教走向成熟化、定型化的时期,其间涌现出了葛洪、寇谦之、陆修静、陶弘景等一批著名道教人物。他们从神学理论、组织制度以及宗教实践活动各方面对初期道教进行了改造,使道教得以完成从追求救世致太平到追求不死成仙的重大历史转折,最终受到封建统治者的高度关注与支持。这一高峰一过,道教人物开始"援佛入道",试图深化自身的理论体系,如孙思邈、成玄英、司马承祯、钟离权、吕洞宾等,尤以吕洞宾为著名。

在此期间,九鲤仙梦已经开始崭露头角,并形成了一定的祈梦程式,这当然与道教科仪不断发展完善有着莫大的关系。

三、宋元时期

道教在北宋之末，有南宗丹道的崛起，禅、道合一的途径，已极其明朗。南宋时期，王重阳、丘长春师徒建立的全真道，一变历来神仙方士、符箓法术的道术，提倡敦品励行、修心养性的渐修教化，成为黄河南北声势显赫的新兴道派，威名远布。

在这个时期，陈谠为九鲤湖撰写《梦记》，以载其梦验故事：

王迈丙子春丐梦祠坛，夜梦登阁上如彩画，设幕帘，分为四龛，王据其首。俄有僧偕一童子至，谓王曰："左右当坐第四位。"王问僧为谁，童子曰："侨如尊者。"次年唱第，果居第四。

蒋有秋，少名遇。丙子春，偕昆季丐灵梦，一小童捧牌示之，题四字曰"解是各有"。及揭榜，以有秋名预荐。

顾幼强，自城闉特来请祷。将旦，梦有童子授之兰。又道士从外入，谓顾曰：

九鲤湖飞瀑彩虹

"何郎回礼日，方有信息。"觉而莫喻。时其子孺履尚龆龀。庚午春，莆阳士子迎奉何侯入城，寓顾君所居之旁。是秋，父子俱预荐。所谓回礼者，此也。次年同赴兰省，独其子登第，此兰之应。

李梦龙，解试祈梦，得"荷叶联昆季"之语，太学补魁。王梦锳，前得梦，有"名列东南第一人"之句。是皆已然之明验，未易悉数之。

四、明清时期

明代，开国皇帝朱元璋对周颠甚是推崇，还制作了《御制周颠仙人碑记》。成祖朱棣对武当张三丰也十分倾心，曾屡下诏书访求，并在武当山为张三丰大兴土木，使之成为道教圣地。后来，世宗朱厚熜迷上道教，以致出了青词宰相严嵩把持朝政，祸乱朝纲。至此，道教开始逐渐式微。逮及明末国破家亡，满族入关，道教遂以全真道为中坚骨干，其学理与方法，完全近于禅宗北宗渐修的路线，而且又富有儒家与宋代新兴理学家的精神。他们生当衰乱之世，华夏丘墟，以民间讲学传道的姿态，尽力保持国家民族文化的元气与精神，可谓用心良苦，但已面目全非了。

不过，九鲤仙梦自宋元盛行之后，至明而极盛，至清而趋缓。其间，邑人郑纪著《仙梦辩》，堪称总其大成。其文曰：

邑之东北有山曰九仙山，湖曰鲤湖，俗谓临川何氏九子寻炼山中，丹成乘鲤升仙而得名也。其翁与媪迹至，于是弗见而逝。土人异而祠之。凡祈祷多应。有女，适张，适杨，适范，适信，亦因而血食焉。范为尤显，称曰范侯。今湖之上有阁，像翁于其中，九仙列其前，范侯侍其侧。邑人有疑，则刑牲束楮密疏于范。范则报群仙以授所丐者。寐后，玫于范，以质虚实。退，乃述所梦与守祠者，开发其秘，多有应者。然其间亦尝附会迁就以助其灵者，十恒七八。由莆而闽，而天下，靡不闻风而翘想之。士大夫游宦兹土，莫不函疏叩关而至，皆以是梦何仙为主，而范侯为使也。

予曰："不然。人之一身，精神魂气流行不息，日之发用则为事；夜不应事

观瀑

则游逸而为梦。夜之所梦,不过日用之事耳。周礼六梦,有正梦,有思梦。正梦谓安静而梦,思梦谓寤思所想而梦。是祠在万山之中,一尘不到,泉声树色,毛骨生寒。虽搔扰之人,经越信宿亦自神清气定,邪妄不生,且其丐功名则心主功名,丐寿数则心主寿数,丐男嗣衣食则心主男嗣衣食。以专主之心,入静定之境,则兼周礼所谓正与思者也。物我一理,朕兆感通,而吉凶悔吝岂有不前知也哉。今人平居无事之时,其梦若有应验者,亦此理之形见。尔果孰传而孰授之耶?不然,黄帝梦风后,高宗梦傅说,皆锱铢不爽,抑尝到此山中而见所谓何范者耶?故为说以辩之。"(载于《郑东园文集·杂著》)

第六章 梦文化与道教文化

177

第二节　仙游道士与何氏九仙

在仙游历史上，正宗的道观并不多见。据乾隆版《仙游县志·卷十七·寺观》记载，仅有万寿观、紫泽观、仙水观三处，未收录九仙观。不过，仙游有道士的历史记录却很早，甚至早于仙游置县之年。同样据乾隆版《仙游县志·卷四十五·仙释》记载，除了九仙之外，早在隋代之前，境内就有化鹤仙人"野服道装，游于石壁下"。换言之，虽然仙游道观不多，但仙游道士仍然相当出色，与何氏九仙堪称相得益彰。

一、汉隋时期

在隋代以前，仙游境内的道人除了有何氏兄弟之外，还有化鹤仙人。乾隆版《仙游县志》记载："化鹤仙，昔有樵者入山，遇一翁野服道装，游于石壁下，问曰：'翁居何处？'曰：'居此山五百余年矣！'樵者怪曰：'何不见公室宇？'翁以手指石，石开为门，翁入门，化鹤飞去。后人名仙门洞，构楼阁祀之，称曰'化鹤仙人'。"

二、唐宋时期

据明代陈迁的《仙溪县志·第九卷·寺观》记载，在唐代，仙游榜头境内创建紫泽观，观内主要奉祀文始先生、无上真人尹喜。其时，仙游还未置县，然而，该道观占地甚广，一年可收"田租千余斛以赡道众"，由是可知紫泽观的规模与实力了。

相传，尹喜，字文公，号文始先生、文始真人、关尹。自幼穷览古籍，精通历法，善观天文，习占星之术，能知前古而见未来。《庄子·天下》把他和老子并列，称为"古之博大真人"。《列仙传》载称："关令尹喜者，周大夫也。善内学星宿，服精华，隐德行仁，时人莫知。老子西游，喜先见其气，知真人当过，候物色而迹之，果得老子。老子亦知其奇，为著书。与老子俱之流沙之西，服巨胜实，莫知其所终。"

自从仙游置县之后，唐睿宗景云年间，仙水灵惠庙立碑，碑额为《清源县仙水庙记》。由此可知，至迟在景云年间，仙游境内已经有了奉祀九仙的庙宇。由于仙水庙与紫泽观相距不远，可以肯定的是，紫泽观的道士多少会影响到仙水庙的法事科仪。

到了五代间，因仙游榜头遭遇洪灾，紫泽观被淹没，民间传说是尹喜真人腾空飞去，此道观遂废。于是，官方便将观中田产一分为二，一份置天庆观，另一份则置泉州净真观。不过，虽然紫泽观圮毁，但地方群众还是按惯例叫该地为道观洋，足见其影响力了。《仙溪县志·第九卷·寺观》记载："紫泽观，县东二十里，唐弘道二年置。有文始先生、无上真人尹喜像。田租千余斛以赡道众。五代间，漂于洪流，俗传真人倏忽腾空而去，其观遂废。后拨其田之半，置本军天庆观；其半置泉州净真观。今二洋在焉。地名道观洋。"

在宋代，仙游境内已经出现了得道高人，一是卓弥真，一是梅洞霄。

据乾隆版《仙游县志》记载："卓弥真，旧为锯匠，一日入泗洲台，遇何仙授以二桃，弥真食

祈梦圣地——九鲤湖

一留一。仙人问故，弥真曰：'留以遗母。'仙人许之。自是不茹荤，性自灵悟，能行符咒水，病者饮之即愈。后结庵于鸣峰山，白日坐化。"

鸣峰山位于赖店镇山尾村南部，山川毓秀，泉水流香，因山上有鸣峰岩（寺），故盛名远播，游人如织。乾隆版《仙游县志》载称："鸣峰岩，在县南十五里。唐中丞郑公良士建寺久圮，良士裔孙宋进士知县勋公舍地，卓真人重建。明僧慧德修，清僧石舟重修。祀真人，祷雨辄应。"在明代，祖师殿重建时，有邑人"经济名臣"郑纪亲笔题写"岩磐二仙双对局，石洞一祖独观棋"联句，至今仍保存于祖师殿石柱上。

梅洞霄，浙江括苍人。据乾隆版《仙游县志》记载："梅洞霄，括苍人，能出神入梦。宋末南渡时，尝言钱塘有天子气。既而言验，夒漕傅谦受携与偕来，自括苍乘桴，过风涛汹涌，众舟俱覆，洞霄步斗顾瞻对岸有北风正神之帜，若有物扶之济险。福神道观铸钟成，叩之无声，洞霄挥剑击之，钟遂大振，为观之开山祖云。"因为梅洞霄颇有神通，所以仙游道教开始盛行。

三、明清时期

在明代，由傅谦受创建，始建于宋建炎中的"福神道观"经岁月的洗礼，在明洪武年间，受到仙游知县顾思敬特别重视，直接拨款予以重建，并将其改为祝圣道场，额曰"福神观"，奉祀元天上帝。此后，永乐、宣德、景泰、成化间，代有重修。到了隆庆中，始改名为"万寿观"。

万历年间，先是在万历九年（1581），道士苏清玉在九鲤湖的湖光亭上重新奉祀雷部。后来，道士苏清华重修九仙阁，改为玉帝楼，奉祀玉帝，仙父仙母附焉。

在清代，有清修道人杨季雅。据乾隆版《仙游县志》记载："杨季雅，奉母至孝，辞婚不娶。尝捐己产与族人，而为其厮役不倦。好读书，每以竹篑为案，置书。其人过目成诵，有藏书家，借阅殆遍。后遇异人，得运气术，或旬月不食，或一食兼数日食。所言前知，皆验。自号无名氏。及母卒，丧葬毕，一日坐化。"

顺治五年（1648），里人林应和见万寿观破败不堪，遂募资重建。这时，万寿观因其地位尊崇，遂为仙游迎诏、祝圣行礼的场所。乾隆版《仙游县志·建置九·万寿观》记载："万寿观，在北门内。宋建炎中，傅谦受创建，名曰'福神道院'，后废。明洪武戊子，知县顾思敬建，为祝圣道场，改曰'福神观'，中祀元天上帝，两庑绘神像，前设仪门。永乐、宣德、景泰、成化间，屡尝修葺。隆庆中，改今名。国朝顺治五年，邑民林应和募建。今迎诏、祝圣，皆于是行礼。"

乾隆年间，九鲤湖先后由山开道长和仙鹤道长主持庙事，他们解梦深得仙梦三昧，备受欢迎。后来，到了光绪年间，九鲤湖又有敬训道长和鲤湖道长先后主持庙事，因得前代道人指授，他们在解梦方面也是颇有一手，从而有力地保证了九鲤仙梦声名不坠。

四、现当代

辛亥革命成功后，封建帝制宣告结束。民国十八年（1929），内政部颁布《神祠存废标准》及《寺庙管理条例》，这在一定程度上制约了佛教与道教的发展。其时，仙游道教发展也普遍低迷。

中华人民共和国成立，特别是中共十一届三中全会召开之后，仙游道教开始复兴，仙游道士也不断增多。2005年农历四月初八日，位于榜头镇灵山村内的三清宫道场正式动工重建。相传，五代间，紫泽观的尹喜真人腾空飞去，遗留下来的道士遂在灵岩将军寨下重建庙宇，潜心修道。因此，2005年三清宫清基时，挖出许多石础和十几件瓷器，后交给仙游县文物管理办事处保管。2008年，三清宫大殿落成。2013年，三清宫附属建筑全部竣工。同年十一月初九日，三清宫举行盛大庆典，全县道士都到此认祖归宗，道场相当隆重。2015年，三清宫被登记为宗教活动场所。

三清宫是由三清殿（上下座）、八卦殿、太极殿、食堂、客堂等组成，建筑面积4143平方米。现有道士8名，道长1名，其徒子徒孙遍布仙游县内，约有100多人。当前，九鲤湖内许多法事深受三清宫道士影响。

第三节　仙游隐士与何氏九仙

隐士文化在中国历史上源远流长，其中声名较著者，当推终南山隐士。然而，在东南沿海福建中部，有一处九仙游过的地方，也是知识分子进退朝野、"穷则独善其身，达则兼济天下"的居守之地，至今仍有各地的和尚、尼姑、道士、居士来到此地，也有为追寻清净、淡泊的生活而来的普通人，有上年纪的老人到仙游择地隐居，潜心修炼，从而促成了仙游隐士的大名。

一、晚唐至五代时期

晚唐之后，藩镇割据不断壮大，国家正多事之秋。因此，屡有士人迁居福建以避乱。到了五代十国，战乱颇多，有识之士，生怕多事，遂多藏器以待时。这个时期的隐士，其实是明哲保身而已。

詹敦仁，字君泽，自固始入闽。尝诣闽王昶上书，命参决军事，强以袍笏，不受。以诗谢，有"周粟纵荣宁忍食，葛庐频顾谩劳思"之句。卜筑于清溪之佛耳山，号曰清隐。有《清隐堂记》。南唐节度使留从效辟以书，称曰"清隐先生"。复力辞，乃求监小溪场，请置县，号清溪，遂为清溪令。政尚德惠，因举王直道自代。后人取从效书，中有"崇待笃信"之语。名其里曰"崇信"。

二、两宋时期

两宋期间，文人或隐或处，都很潇洒。应该说，这个时期的仙游隐士也是比较有个性的，其声名之盛者，还是陈易。他淡定如白云，从容似流水，令人传颂不绝。

李廷芝，先世唐神尧皇帝七世孙尚芬始居于福建。天宝之难，敕于福建路召募宗室，尚芬率子弟战胜，以功为奉天定难功臣。汉乾祐间，迁居于仙之汾阳。宋初，收录前代帝王子孙，授廷芝泉州助教。

茅知至，操尚介洁，不求闻达，筑庐隐居于县西之下顿。他博通坟典，倡导六经、孔孟之道，用以开明人心。其清德介行，令乡党信服。于是，漕使庞籍就疏其德行而举荐于朝廷。景祐四年（1037），茅公获敕补国子助教。知县皇甫当作文记录他的事迹，蔡襄为其书之。

陈易，字体常。少好学，该综经史，工五七言诗。熙宁初，曾游学京师。时太学秋试，他见诸生竞相求举，深为不满，认为"非吾所以学"，便掉头回去了。于是，他向佛教徒求教世间法，颇有契悟，就与同乡有需禅师一起在菜溪岩结庐而居，远荤绝欲，每天只吃一顿饭。后来，有需禅师移住南湖卓庵，陈易只好单身在山上，而寄食于山下的香泉寺。可是，寺童每日会按时送饭一次，但遇到雨天溪水暴涨，就没办法送过去了。有时可能十天或半个月都没送，像这样生活大约有50年没变，人们叹其为神人也。崇宁初（1102），陈易先被举为遗逸，又被举为八行。其时，郡守郭重闻讯，连忙致礼要请陈易出山，但陈易写信直言谢绝道："早粗修于八行，晚但了于一心。心既本无，行亦何有？"郭重见信，知道不能强人所难，遂自觉放弃了。因此，陈易如愿而善终。

董公偃，字安义，兴化县来苏里（今属仙游）人。博物洽闻，操行纯正。大观年中，转运使陈觉民以八行将他举荐于朝，他虽不屑于仕进，但也不婉拒陈觉民的义举。可惜，大司成考其德行如章，恰好可以出仕，谁知他还没来得及上任，便撒手人寰了。公偃曾在麦斜岩建一座"静和轩"，与陈易友善，常相往来。陈易题诗于其静和轩曰："酒吸阳春入肺肠，茶罢清风生肘腋。安知石所洞中人，不是武陵溪上客。"

张弼，字舜元，仙游县人。性恬淡好学，曾向陈易学《易经》，尤刻意于易学。认为《系辞》是圣人所以辅翼《易经》的书籍，其大例当在于此。于是，他便置历史上诸家传注《易经》的作品而不顾，独执《系辞》吟诵30年之久。一日，忽然有所领悟，甚是开怀。由是，"上及道德性命之理，下及昆虫草木之微，礼乐、典章、法度可指，吉凶、悔吝、动静先知，有汉晋《易》家所不到者（摘自黄颖序文）"。绍圣初（1094），丞相章惇以其名闻请敕，遂被赐号为"葆光处士"。绍圣三年（1096），朝奉郎林伸等153人联名向守帅举荐，这迫使部使者只好向朝廷转授，又被敕授为福州司户参军，充泉州州学教授。对此，张弼大为烦恼，郁郁不乐，若有所失。以是之故，还没赴官，就忧郁而终了。

林象，字商卿，自号萍斋，仙游县人。幼而丧父，随其母借住于外祖父陈次升家，因此之故，尽读六经百氏之书，多闻元祐名臣与宋累朝典故。后来，他侨居于真州，得事刘安世、任伯雨、陈瓘诸公，并与任申先、任象先两兄弟为忘年交，使其学问益进。绍兴初（1131），有人要举荐他为官，他力辞不肯受荐。于是，他奉母归闽，过着清贫的日子。等到他母亲死时，他治丧如礼，但终丧之后，仍然不谋婚娶。对此，亲朋好友多有说辞，他解释说："吾有弟，不至绝先人世。"倘有人问他家事，他则说："吾以付二弟。若复以家相关白，安能遂吾志哉？"随后，他便寓居龙华寺、法华庵等处，榜其所居轩曰"听雨"，小园曰"意足"。乾道四年（1168），朝廷特诏，准其进士出身，授官兴化军教授。可惜，林象上任未及初次考核，便与世长辞了。享年七十岁。

将军亭

林大有，字亨之，自号紫阳翁，仙游县人。大有年十六，即弃举子业，千里求师，研学六经，但不为章句之学。平时一有空，他便喝酒赋诗，甚是逍遥。招捕使陈韡要将他的事迹请奏于朝，他连忙摇手止之。咸淳初（1265），因其子林雷龙预乡荐，获赐迪功郎。可是命书到时，他仅衣装整齐迎拜之后，便恢复平常服饰。他曾对自己的孙辈说："生称善人，死表于墓曰处士，吾愿足矣！"因此，在他死后，四如黄仲元书其墓碑曰"隐君子"。

　　谢洪，字范卿，兴化县来苏里（今属仙游县）人。少时读书麦斜岩，后在梅花洞著书教徒。绍兴三十年（1160），登进士第，先后任海丰县主簿、永丰县丞之职，颇有政声。晚年隐居麦斜岩，筑精舍与竹楼。

　　黄钟，字器之，号定斋，兴化来苏里（今属仙游县）人。乾道五年（1169），登进士第，授翰林编修。晚年隐居麦斜岩，潜心著述，有《周礼集解》《荀杨续注》《杜诗注》《释史要》等书传世。

　　喻畤，字景山，仙游县人。绍定五年（1232）特科，未老即隐于大蜚山中。构院自乐。时与郡人陈宓诸公相唱酬。

　　王家录，字剑洲，仙游县人。邑诸生，性不喜尘氛。一日，遇异人授以丹术，归即谢弟子员，挈其妻构阁于天马山而偕隐焉。（摘自乾隆版《仙游县志·卷四十五·仙释》）

三、元代

　　在元代的仙游隐士中，多是宋末元初人物，因为不堪故国沦亡，遂无意仕途，而耽于山水之间。其中，堪称仙游隐士之翘楚者，则是林璧卿。璧卿与元世祖有过交集，后得其宠，虽未仕元，但他的名气确实是因元世祖而起。

　　周真官，宋末元初人，曾任宋太守之职，辞官隐居麦斜岩20多年，信佛甚笃。在陈景瑜题刻中可以看出，宋末麦斜岩进行一次较大规模修建，周是这次修建总负责人。

　　陈景瑜，字少高，宋末元初人，家仙游钟山麦斜岩下西麓，隐居麦斜岩多年，捐资建寺，应真境前石壁上有他镌刻于宋咸淳丙寅年（1266）篆字石刻。

据乾隆《仙游县志》记载，其刻字内容是："真圣笔，结众缘。伊郭地，舍十方。架佛宇，功未就。予助金，圆胜事。成二殿，暨诸处。屋宇金，斋粮缺。捐己田，谷五石。号上朱，永布施。作倡焉，劝来者。周真官，僧道钦，董斯役，清刻石，传不朽。余嘉此，泉石胜。可隐遁，因铭之。石所垒垒，麦斜湾湾。武当道窟，弥陀禅关。名公子才，笑咏游观。梵游僧侣，往止盘桓。清吾心境，定吾性湍。竹溪遗逸，不羡金銮。"

林璧卿，江右人。登宋末进士。明易，推星象演义。年青时，曾遇元世祖于潜邸。世祖即位，欲授璧卿以美官。璧卿曰："吾家世金紫一门四忠义，父光世被遇宋朝，涓涘莫报。敢辞，愿行志焉。"遂游闽中，隐麦斜山著书。世祖追踪而至，御书"樵谷山"，命勒石，并敕授"元明妙应道济真人"。明建节隐坊，立祠祀之。

林亨，字蒙亨，仙游县人。未遇时，自负其才，尝作《螺江风物赋》以自寓。至正三年（1343）进士，廷对第一，时年已五十三矣！累官朝请郎。未几，鼎革，亨义不苟屈，隐于宝幢山下以寿终。

四、明清时期

明清朝代更迭，士人灰心丧气，退处山林。这个时期的归隐，多与民族气节有关。

林珍，字行素，仙游县人。少时，读书博古。曾参与修《明孝宗实录》。晚年，居云岫，与郑纪结耆乐会。

郑垂青，字正子，仙游县人。邑诸生，在家有孝子之名，在学校有狂士之称。中岁适遭鼎革，遂遁入深山，终于隐处。又有郑彦辉泊心操节，薛惟旷达嗜咏，亦君称为山林高致。至若李子科、李仪正、李焕、陈汝义、郑克志、傅元素、林应中、林孟光、李仲警、余惟远、蔡元修、陈俊民、林崇珪、朱宗器、张邦重、李尚珍诸人，惟传姓氏，所谓藏修之士，不求人知其真逸者欤。

严飘香，字王思，号芳烈，仙游县人。邑廪生。遂入山隐居。次子大任，康熙壬子登武科。

刘应璋，字铭勋，仙游县人。唐藩建号福州，由按察司供事廷荐，召见，授省祭宣德郎，升通议大夫，提刑按察使。及王没，遂隐于兴泰里之仙岩仑下。乙未，海寇发，应璋奉母入城，城陷，应璋慨然自刃。其母与女见应璋死，亦死焉。独一男曰钦京，适他往，不与难。其族人莆田尧章为之立传。尧章字陶九，甲申后，隐于百原溪底，自号百原居士。同邑郑邵，字勉仲，亦隐于九鲤湖。应璋皆与之游麦斜、菜溪间，故老及见道服芒履，容与山林，不识为仕宦中人也。后有康泰，字淑彬，读书不仕，著《四书笺疏》《隐山学语历代统论》及诗、古文诸集，盖世有隐德云。

谢世昌，字二乐，仙游县人。读书负奇气。当明沦亡，遂于邑西村落僻静处建围墙。墙内种黍稻菜果，终身不出墙外，墙外人也不得进入参观。

杨瑞凤，字和仲，仙游县人。崇祯十五年（1642），举武闱第二人。明年，成进士。福王立，南京中丞张鲵渊檄署仙游团练使，功升游击。唐王时，以怀远将军署新兴营事。嗣退，居旸谷。山寇郭尔隆、郑士衷率众围之，瑞凤亲冒矢石，率丁壮与御，凡十一战，始解。里人恃以安处者数百家。天下既平，竟无意仕进，与黄寅陛、林之奇寻山水之游，尝作《蜂氏谱》，隐寓故国之思，而序之曰："蜂之为物虽微，禀天地清正之气，五伦俱全，六德兼备，故其刺也，武也，而非毒也；药也，而非小人之交也。其非君不事，宁首阳之饿者，忠也，而非河洛之顽亢也。"可以知其志矣！

第七章

「梦文化之乡」的规划与建设

第一节 "梦文化之乡"的发展规划

仙游九鲤湖梦文化是中国梦文化的重要组成部分，祈梦者所崇拜的何氏九仙是我国民间流传历史最长、影响范围最广的司梦神灵，九鲤湖流传的一套祈梦民俗活动自唐宋以来一直沿用至今。2008年，由时任仙游县文学艺术界联合会主席、中国民间文艺家协会理事连铁杞牵头申报"中国梦文化之乡"。翌年，时任中国文联副书记、副主席李牧，中国文联副主席、中国民间文艺家协会主席冯骥才带中国民间文艺家协会理事会136位理事及专家学者在九鲤湖举行授牌仪式，授予仙游"中国梦文化之乡"。与此同时，仙游成立了中国梦文化研究中心，由连铁杞担任主任。此后，仙游县积极融入闽台旅游合作圈，积极弘扬祈梦文化独特魅力，挖掘民间文化艺术瑰宝，促进两岸民间交流合作，推动民间文化产业发展。

九鲤湖风景名胜区自然山水景观资源丰富，如有"九鲤飞瀑天下奇"美誉的绵延流长的九叠瀑布群，山势巍峨，怪洞藏幽，奇石成趣，引人入胜；宋代著名理学家林光朝称之为"小武夷山"的麦斜岩，以及翠竹丛林苍茏、怪石峭立、形态万千、景色幽奇的卓泉岩。

九鲤湖不仅风景怡人并且人文荟萃，是我国汉族居住区祈梦文化的发源地，何氏九仙是民间流传最长、影响最广的司梦神，其祈梦程式自唐宋一直沿续至今，堪称研究我国祈梦文化的"活化石"。九鲤湖千年的传说，秀美的风光，吸引了无数达官显贵、文人墨客前来观光、祈梦，明代地理学家徐霞客在此留下探寻的足迹并写下《游九鲤湖日记》。现今风景区内保留下许多珍贵的诗文佳作和摩崖题刻。

1985年6月，国务院颁布了《风景名胜区管理暂行条例》（以下简称《暂行条例》），指导和保证了风景区健康发展。《暂行条例》颁布后，国务院和建设部都制定颁布了一系列有关风景名胜区管理的规范性文件，温家宝同志1999年在全国城乡规划工作会议上指出："要切实加强对风景名胜区保护和利用工作的领导，按照科学规划、统一管理、严格保护、永续利用的原则，把风景名胜区保护、建设和管理好。搞好风景名胜区工作，前提是规划，核心是保

九鲤湖牌楼

护，关键在管理。"

  1998 年，九鲤湖被福建省人民政府评为省级风景名胜区，为了适应风景区保护、利用、管理、发展的需求，2000 年九鲤湖风景名胜区管理局委托福建省城乡规划设计研究院编制了《九鲤湖省级风景名胜区总体规划（2000—2020 年）》。2002 年，九鲤湖被评为国家水利风景区。随着近几年风景区发展趋势变化，《九鲤湖省级风景名胜区总体规划（2000—2020 年）》已不能完全适应新条例、新规范，以及九鲤湖的发展要求。

  2006 年，国务院颁布了《风景名胜区条例》（以下简称《条例》）。《条例》的颁布实施标志着风景名胜区管理新阶段的到来，把风景名胜区的管理全面纳入法治化轨道。福建省为了保护和合理利用风景名胜资源，也结合本省实际，于2015年颁布了《福建省风景名胜区条例》，以加强省内风景名胜区的规划、建设、保护和管理。

2016年,仙游县发展全域旅游,重点打造祈梦仙游品牌,整合九鲤湖风景名胜区周边资源,形成大九鲤湖旅游核心驱动力,按照"线串珍珠"的思路,整合开发周边的各种旅游资源,把九鲤湖、菜溪岩、麦斜岩、九龙谷、仙水洋等连成一体,打造生态文化旅游品牌,建设海西生态文化休闲度假旅游目的地,形成莆田旅游"海上有妈祖,山上有九鲤"的战略格局。在此区域背景下九鲤湖风景名胜区的发展至关重要,风景区的规划应适应新的形势变化,具有前瞻性。因此,九鲤湖风景名胜区总体规划的修编工作势在必行。为了加强对九鲤湖风景名胜区的管理,有效保护和合理利用风景资源,仙游县人民政府根据国务院2006年颁布的《条例》规定,启动了九鲤湖风景名胜区总体规划的修编工作,委托福建省城乡规划设计研究院编制《仙游九鲤湖省级风景名胜区总体规划(2016—2030年)》。

本次规划在总结和分析《九鲤湖省级风景名胜区总体规划(2000—2020年)》实施状况和存在问题的基础上,结合近年来风景区发展的新趋势,以《风景名胜区条例》《风景名胜区规划规范》《福建省风景名胜区条例》为依据,重点保护九鲤湖风景名胜区以花岗岩地貌与瀑布群为主体的飞瀑—奇石—绿树—田园整体自然景观资源以及传承千年的具有民间特色的祈梦文化;在资源保护的前提下,把保护九鲤湖风景资源和旅游开发相结合,构筑风景区合理的景观系统,科学合理地配置相关服务设施,实现风景区经济发展和农村经济同步发展,并带动地方区域经济持续发展,使风景区与周边城镇互利共生。

规划指导思想是遵循"科学规划、统一管理、严格保护、永续利用"的工作方针。按照保护、利用、管理、发展的需要,明确性质、合理定位、优化风景名胜区的布局。实施高起点的发展规划,全面发挥风景名胜区的功能和作用,将九鲤湖风景名胜区建设成为生态良好、风景优美、魅力独特、环境洁净、基础设施完善、旅游服务周到、人与自然协调发展的省级风景名胜区。

规划的主要原则有四个:一是保护优先,二是突出特色,三是综合协调,四是可持续发展。具体如下:

1. 保护优先原则。贯彻"科学规划、统一管理、严格保护、永续利用"的

九鲤湖西湖

风景区工作方针。通过科学规划，发挥风景区的最大效益。风景名胜资源是自然和历史文化遗产，是不可再生的资源，是风景区价值的体现。只有保护好风景资源的真实性和完整性，才能更好地发挥风景资源价值。

2. 突出特色原则。弘扬历史文化，挖掘风景区的文化内涵，构建具有地方文化特色的风景名胜区。突出九鲤湖风景名胜区的祈梦文化特色和山水景观资源优势，提升风景区文化价值，创旅游品牌。

3. 综合协调合理布局原则。依据风景区资源特点与分布，综合考虑资源的保护和利用，合理布局，形成风景优美、设施完善和生态环境良好的可持续发展的风景区。风景区规划，不仅要使其游憩、景观、生态三大基本功能全面发挥，还应有利于风景区与社会经济发展相协调。

4. 可持续发展原则。风景区开发建设要立足近期，着眼未来，要妥善处理好近期发展与远期目标关系，做到统一规划分期实施。要在有效地保护资源的前提下进行合理开发利用。要考虑人与自然、社会与经济的和谐发展，达到风景区可持续利用的目的。

风景名胜区范围与面积

1. 风景区范围。遵循上一轮风景区总体规划，局部进行微调。风景区分为南北两个片区，规划总面积为25.32平方公里。

2. 外围保护地带范围。外围景观环境保护范围即原规划中的外围保护区和视线保护带，指从外围公路到风景区边界之间的丘陵平原区，范围内有大面积的农田、村落和人工林，形成了与九鲤湖风景相适应的农耕文化景观，作为风景区的外部背景，共同构成九鲤湖风景整体视觉环境的一部分，也将是未来旅游服务项目的主要分布区。

在原规划基础上扩大外围保护地带范围，外围保护地带连接风景区南北两个片区，并从延寿溪水源保护角度以及南北两个片区景观风貌出发，将延寿溪支流以及省道213线两侧农田风格用地纳入外围保护地带范围，本次规划外围保护地带面积为42.82平方公里。具体边界为：南起榜头镇岭头，北至钟山镇麦斜村胡山；东起莆田仙游行政界线，西至钟山镇231县道。

由于上轮总体规划编制时间较早，当时未确定核心景区范围（只有分级保护内容）。因此本次规划在确定风景资源合理保护情况下，重新确定核心景区范围，并严格规定保护的要求。

新划定了核心景区范围，九鲤湖省级风景名胜区的核心景区包括麦斜岩主要山体与卓泉寺周边山体以及九鲤湖祈梦楼、九真观与九鲤瀑布群周边的山体。核心景区规划总面积6.86平方公里。风景名胜区性质：九鲤湖风景名胜区是以高品质的山川瀑布、奇岩怪石为自然景观特征，九仙祈梦文化为特色，以开展观光游赏、运动探险、民俗文化体验等活动为主的省级风景名胜区。风景资源的特征：九鲤湖风景名胜区景源丰富，特色突出，具有典型性和独特性，景观类型多样，自然资源和文化资源兼备，具有较高的美学观赏价值和历史文化价值。概括起来有三大特色：

1. 山水景观类型丰富，特色突出。九鲤湖的无限风光中以瀑布景观与奇峰怪石最为引人注目。风景区山势巍峨，怪洞藏幽，奇石成趣，引人入胜，具有较高的观赏价值和科考价值。

2. 历史悠久，传说丰富。九鲤湖人文景观源远而丰富，古朴而神奇。湖山潆水间历代题镌灿若繁星，传承千年的祈梦文化吸引历代文人墨客、达官贵人、渔夫樵子来此景仰，吟诵的诗歌赋不计其数，留下了许多历史文化名人的足迹及神奇而迷人的传说。

3. 生物多样，生态环境优良、风光秀丽。九鲤湖地处南亚热带和中亚热带交界处，雨量充沛，气候和土壤适合多种植物生长，群落植物多样，以常绿针、阔叶混交林为主，含部分天然次生林和经济林。

第二节 "梦文化之乡"的保护现状

《九鲤湖省级风景名胜区总体规划（2000—2020 年）》对九鲤湖省级风景名胜区的保护管理和开发建设起到较好的指导作用，推动了景区的发展，具体实施情况主要反映在以下方面：

1. 风景区内自然景观资源保护良好，经过十多年的保护培育，自然植被逐渐恢复，原生植被在多年封山育林保护下逐渐成林。瀑布区水量逐渐恢复。风景区内近年新增人文景观较少，近年新建九鲤禅寺与宝峰寺两处建筑体量过大，对风景环境造成一定影响。

2. 依据总体规划，确定了九鲤湖省级风景名胜区的范围，从而奠定了风景名胜区保护、管理的基础。扩大了景区保护范围，更大面积保留良好的风景资源，使优良的风景资源免于破坏。但由于核心景区明确范围不详，对风景区保护规划指导性不足，规划将风景区分为三个层级的保护分区，但对分级分区建设管理引导不够细致，无法作为景区管理建设依据。

3. 九鲤湖瀑布景区、九鲤湖朝圣景区、九鲤西湖景区、麦斜岩景区等四个主要景区已具备一定的旅游接待能力，上轮总体规划提出的近期建设项目已部分建成，风景名胜区游览系统基本形成，为风景区的进一步发展奠定了良好的基础。

4. 九鲤湖九级瀑布群被分割为两个管理机构，将九鲤湖下游瀑布纳入九龙谷国家森林公园范围，现由九龙谷旅游开发公司经营。上下游瀑布间无法通达，景区开发建设协调不足。总体规划未对瀑布景区下游做出明确的保护开发规定。九鲤湖风景名胜区管委会作为景区管理机构，其权责管辖范围与规划范围不一致。风景区存在无法实现统一规划、管理及执法检查问题整改落实等问题。

5. 规划未统筹协调风景名胜区与城乡建设、土地利用等方面关系。未明确制定土地利用规划。规划仅对景区内村庄经济发展规划作出方向引导，未提出居民点调控建议，未明确居民点建设风貌、用地规模等相关建设控制要求，未提出居民人口调控规模的建议。风景区内村庄建设处于无序状态，缺乏规划指导。村庄景观风貌品质下降，影响风景区整体风貌。

就整体而言，九鲤湖作为仙游"中国梦文化之乡"的核心区域，其保护现状，从景区大门进来，依次有如下景观：

通仙桥 顾名思义，桥名意为通往人间仙境之桥。这座桥重修于1986年，用白色的花岗岩砌成，桥式呈玉带形，远望如月牙儿悬挂在山峦之间。

黄鸡滩 通仙桥下有长约百米的石滩，是黄鸡滩。滩上布满了约100多穴溶洞，形态各异，大小不一。它们有的像锅灶，有的像水缸，有的像盘子，有的像脚印，等等。相传这是仙人炼丹时留下的遗迹，故称仙迹石穴。

通仙桥

九鲤湖冰川遗迹

传说何氏九兄弟刚开始炼丹时，不知火候（因为当时没有像我们现在的闹钟之类可以对时的工具），炼不出丹。后来聪明的老大决定以凌晨黄鸡的啼叫声掌握火候，果然大功告成。于是，他们就把这块黄鸡活动过的地方称为黄鸡滩。当然，传说是神奇的。不过，根据地质学家的考证，这些石坑就是第四纪冰川留下的冰臼。大约距今7000万年的燕山晚期，由于地壳深部的岩浆侵入，形成了花岗岩体。后来，由于长期的水流冲击、溶蚀、重力作用、温差作用，就形成这样大大小小不规则的溶洞。它们是古冰川运动曾经存在的历史见证，这对研究古气候、古环境、全球变暖、人类起源、人类肤色的形成具有极高的科研价值。

迎仙公馆　该馆原建于明嘉靖年间，是古时达官贵人、文人墨客来九鲤湖祈梦前吃住、斋戒的地方。清道光年间，毁于水灾。1986年重建，恢复旧有功能，为香客提供斋食和祈梦住宿。眼下，九鲤湖风景区管委会拟将它改建成祈梦体验馆，复原九鲤湖祈梦九大习俗。

摩崖石刻　九鲤湖最重要的人文奇观就是摩崖石刻，这些摩崖石刻历史悠久，乃是福建省内集历史名人题刻最多的一处。据统计，景区内有40处重要题刻。按其位置来讲，主要集中分布在九仙祠周围、雷轰漈上方和石湖西岸的岩石、崖壁之上；按其内容来看，则有景迹题名、游览题咏、登临纪事和祝贺题词等四大类；按其书体来分，则有篆体、楷书、行书和草书等体。九仙祠大厅中有一对石柱楹联题刻，十分形象地概括了九鲤湖题刻的特征与内涵。其上联是："任楷草题镌，几无完石"；下联为："历沧桑变幻，犹有此湖"。

"第一蓬莱"，是明朝正德年间莆田才子林有恒所题。《山海经》记载，海上有三座仙山，蓬莱、瀛洲、方丈，这三座山上是仙境，有长生不老药。现实中，仅蓬莱一山实有，又因其海域内屡现海市蜃楼奇观，更激发了人们寻仙求药的热情。历史上，秦皇汉武曾先后派人到蓬莱开展寻仙活动。由此可见，林有恒之所以会题这四个字，是因为九鲤湖实具蓬莱岛之气质，在诸蓬莱仙岛中，应属于翘楚，遂有第一之号。

"湖光亭"，在"第一蓬莱"石的侧面还有三个字"湖光亭"，这个湖光亭原址就在路的右边，曾留有木桩痕迹，但因修路，遂被破坏。该亭始建于北宋元祐三年（1088），当时的县令吴干作有《湖光亭记》。

据说，唐伯虎来九鲤湖祈梦时，曾憩于是亭，并在梦中见到九仙公赠予他一担墨，后来他以笔墨为生涯，成为一代画师。当他悟出九仙赠墨的寓意，即暗示他要以笔墨为生涯，遂在他的家乡桃花坞建一座仿湖光亭风格的亭子，美其名曰：梦墨亭。而今，这座梦墨亭被移至唐伯虎的陵园之内，旁边还立了一块记载他"祈梦仙游九鲤神"的史实的石碑。如果大家有兴趣的话，将来到苏州可以去唐寅园看一下，以证我今天所言不虚。

在九真观后墙，就是走到"第一蓬莱"石向右拐时，里面有口仙泉，状如人眼。相传，九仙兄弟在仙水溪洗脸时眼睛全部复明，遂取一壶水置于九仙祠后，点化而成"仙泉"。这泉水澄碧清澈，明净见底，就算是大旱之年也不干涸。据说喝了这个仙水，可以治疗眼疾，延年益寿。很多闽南的香客来到这里

都要盛一杯回家，放在家中供奉起来。有史料记载，南宋孝宗皇帝就曾派人到此取水，治好了皇太后的眼疾。

现在展现在我们眼前的这个天然的石湖就是九鲤湖了。湖水终年不竭，宛如一颗晶莹剔透的宝珠镶嵌在青翠欲滴的山峰之间。直径67米，平均深度15米，最深17米，为第四纪古冰川遗迹之冰湖。徐霞客在《游九鲤湖日记》中是如此称赞的："湖不甚浩荡，而澄碧一泓于万山之上，围青漾翠，造物之酝灵亦异矣！"认为它是天造地设的镶嵌在群山之中的一颗宝石。大家不要看它小，这湖是非常有灵气的。许多香客来这里朝拜九仙时，或带些鲤鱼、乌龟之类的动物来放生，以祈求平安长寿。在粼粼湖光的折射下，九仙祠中一尊尊塑像灼灼闪光，栩栩如生。这就是九鲤湖特有的"湖光映仙面"的奇景。

祈梦区　到九鲤湖祈梦，就必须进九真观。九真观又名九仙祠（灵显庙），祠位于九鲤湖北岸，坐西北向东南，建在一片巨石上，岩底中空，与湖水相通，乃神龙居处，古人称为"蛤蟆穴"。

九真观，旧时作为祀奉仙父仙母的地方。在南宋乾道二年（1166），因县官祈雨有应，故朝廷封仙翁为嘉应侯。宋淳熙十四年（1187），大旱，郡守朱端学请水，龙现而雨降，是岁大熟。于是，朱太守上其事于朝，朝廷准其所奏，赐庙额"仙水灵惠"，加封仙翁为灵显侯。其后，重修祠庙。明嘉靖、万历年间，因九鲤祈梦习俗越传越盛，香客越来越多，遂多次重修庙宇，完善建筑。特别是万历年间，不到30年，连修三部《九鲤湖志》，同时，改祀仙父、仙母于玉帝楼，而九仙祠大厅则专祀九仙及范侯。清康熙年间，受李光地祈梦灵验的影响，闽南一带香客，特别是泉州士民争先来鲤湖进香祈梦，随后有许多人接连捐金重修祠庙，厚积福德。

九真观壁图，在九真观左侧墙上有一排影壁，上面有六幅画，说的是历史上比较有名的六位名流与九鲤湖仙梦的渊源。第一幅图是讲清代的纪晓岚。他在撰写《阅微草堂笔记》时，曾明确记载当时九鲤湖祈梦概况，堪称神奇灵异。第二幅图是讲清代的李光地。早年，李光地科考并不顺利，虽然屡败屡

中国民间文艺之乡

战,但功名无望。这时,他听说九鲤湖仙梦尤主科考,遂不辞辛劳,亲登九鲤,只为了祈梦问前程。梦中,他遇到一位鹤发童颜的老道对他说:"李光地啊,李光地,功名无心想,你还是趁早回去吧。"听闻此言,他心中甚是不平,正要怒骂时,竟被惊醒。当他醒转之后,颇为失望,知道自己功名无望了,竟灰心丧气地打道回府了。然而,第二年的殿试在即,李光地心想,与其现在半途而废,不如做最后一次放手一搏了。不料,翌年廷试,他竟然获得第五名,正宗的进士及第,好不开心。后来,李光地向朝廷推荐施琅收复台湾,有功于国家,深受康熙皇帝的倚重。康熙四十四年(1705),光地被擢为文渊阁大学士,这相当于宰相中的"无心想",就是"相"啊!第三幅图是讲明代大旅行家徐霞客。万历四十八年(1620)六月初八日(八月即为泰昌

九鲤湖索道

元年，翌年又为天启元年）与其叔芳若同游九鲤湖，"是夜祈梦祠中"。由于徐霞客生来有奇癖，喜欢登山涉险，无意功名。在其15岁时，曾应过一回童子试，但没成功。有道是知子莫若父，徐父知道霞客不是功名中人，遂鼓励他博览群书，做个有学问的人。四年后，徐父病逝。这时，霞客有心要绘天下名山胜水为通志，但因母亲年迈，不忍成行。徐母知道霞客的忧思，反而积极劝导他，认为好男儿应该志在四方。是故，有论者称"弘祖（即徐霞客）之奇，孺人成之"。有鉴于此，徐霞客虽人在远方，但心忧老母。即使他身在九鲤湖，明知九鲤仙梦很灵，他并不为自己祈梦，而是询问老母寿数。梦中，仙公怜其母慈子孝，便以"震"卦示之。翌日，梦醒，徐霞客知道震者，乃上下分离之意。因此，他一考察完九鲤湖，连忙回去悉心照顾老母，并翻修住所，改名为"晴山堂"，一时传为佳话。第四幅图是讲明代著名的小说家冯梦龙。梦龙一生写过很多部小说，其《喻世明言》《警世通言》与《醒世恒言》等"三言"作品堪称代表作，与凌濛初的"两拍"合为中国白话短篇小说的经典代表。在他的小说中，有八处提到九鲤湖祈梦故事，更有多篇小说是取材于九鲤湖的梦验故事，洵为九鲤仙梦的传播大使。第五幅图是讲江南第一风流才子唐伯虎。唐伯虎一生与九鲤湖有着不解之缘。明成化六年（1470），唐伯虎降生于苏州府唐广德家中，少有才气，仅15岁就以第一名补苏州府学附生，遂与张灵交好。因张灵家境贫寒，落拓不羁，偏嗜于酒，所以伯虎与他交游，也开始嗜酒如命，无心功名。祝枝山见状，怜其才高，颇多规劝。这时，伯虎良心发现，幡然悔悟，准备认真攻读应考，只是结果会怎样呢？他还没有十分的把握。因此，当他听说仙游九鲤湖祈梦特灵的时候，即治行囊，专程到九鲤湖祈梦去了。弘治九年（1496）初，唐伯虎孤身一人到九鲤湖游历兼祈梦。是夜，他梦到九鲤仙公向他招手，叫他把一担墨挑走，随后就不见踪迹了。因梦境离奇，伯虎记得清楚，只是不解其意。不过，圆梦者说："你是书生，仙公要你挑墨，应是文章事业大有作为，来日当能大魁于天下。"这圆梦者说得豪壮，伯虎相当爱听，遂暗下决心要闭门读书，争取来年乡试过关，第二年殿试夺魁。翌年，唐伯虎参加科考期间，一时得意忘形，又与酒鬼张灵一起宿妓呷酒，放浪形骸。提学御史方志知悉后，大为恼怒，欲黜其才。还好苏州知府曹凤爱惜人才，妥为求情，这才被录于榜末。弘治十一年（1498），伯虎参加应天府乡试，竟得第一，好不开心。于是，他作《领解元后谢主司》诗，还写了《金粉福地赋》，对未来充满了自信与希望。同时，他隐隐感觉到九鲤仙梦挑墨的预言正逐步实现，应有更大的惊喜在后头。弘治十二年（1499），唐伯虎与江阴徐经一道入京参加会试，因徐经有贿赂主考官的嫌疑而受牵连下狱，终被罢黜。对此，伯虎引以为耻，拒不就职。其时，他刚郁闷回家，又与续弦失和，便行休妻。这真是屋漏偏逢连夜雨，船破又遭打头风啊。没奈何，他只好周游闽浙诸省散心，从而致力于著述，依靠卖字画为生。平日里又开始饮酒狎妓，纵情声色，故被世人视为任诞不经。虽然如此，但他的字画水平确实很高，欣赏其才华者，又大有人在。因而，他积累了一定的资本，遂筹备构建别业——桃花庵。正德二年（1507），伯虎的桃花庵别业建成，其内筑有梦墨亭，用于纪念仙游九仙送墨之德。正德九年（1514），唐伯虎在百无聊赖之际，应宁王朱宸濠之聘，原以为自己生活会有依托了，孰料宁王蓄有异志，幸被他及早察觉。于是，他装疯卖傻，借酒生事，污言秽语，无所不用其极，才骗过宁王耳目，终被放还。五年后，他细思自己的人生历程，感慨万千，遂用诗的形式进行了阶段性总结，题于画上云："醉舞狂歌五十年，花中行乐月中眠。漫劳海内传名字，谁信腰间没酒钱。书本自惭称学者，众人疑道是神仙。些须做得工夫处，不损胸前一片天。"简言蔽之：谁能知我？后来，唐伯虎渐感身体乏力，小病缠身，遂有不祥的预感。因此，他又到仙游九鲤湖祈梦，想问寿数。谁知前度唐郎今又来，仙公并没有给予特殊照顾，反而惜字如金，只肯以"中吕"二字示之，难窥其奥。伯虎回去后，百思不得其解。有一次，他去拜访恩师王鏊，见其壁间挂有苏东坡所写的《满庭芳》词，下有"中吕"二字，不禁大惊失色道："这正是我梦中所见的字啊。"当他朗诵内容时，读至"百年强半，来日苦无多"之句，即默然归家，知道自己来日无多矣。果不其然，没多久，他就旧疾发作，卒年五十四岁。第六幅图是讲北宋四大书家之一的蔡襄。据康当世所编的《九鲤湖志》记载：在蔡襄还没考中进士时，他曾到九鲤湖旅游求梦。由于他平素好学，没有多少时间出门游玩，因此，他一到九鲤湖，就自个儿寻幽探秘，欲收野外风情。当他轻闲自在地纵步九鲤湖畔的密林之中

时，忽然听到有人在林内下棋的争论声与落子声，这让他心下好生奇怪，遂蹑手蹑脚地向前窥视，只见在两位下棋老人的身旁有一位老人跪在地上哀求说："我是九鲤潭中的龙王，因为身体有病不能行云布雨，只怕要被上天责罚了，请老仙发发慈悲，救救我吧！"虽然跪在地上的龙王哀求恳切，但那两位下棋老人还是气定神闲，并不作声。其中，有一位老人在落子之余，反手伸入腰间的袋子中，取出一枚果子，递与龙王。龙王见状，惊喜若狂，连忙伸手去接，便直接塞入口中，竟立马化为鲤鱼，一跃而入湖中，摆尾摇入药臼里。这时，另一下棋老人则随手抓起地上一把青草，出其不意地将这些青草扔向湖中，恰好将药臼覆盖住了。这时，雷声大作，声震山中。蔡襄闻声，吓得踉跄而逃。

天子万年，在玉帝楼旁我们看到四个大字："天子万年"，这四个大字，是九鲤湖最早的摩崖石刻，石壁陡立，高9米，字径90厘米，乃南宋兵部侍郎陈谠所题。仙游县最早是称清源县，属泉州管辖。后来，在唐天宝元年（742），朝廷下诏改州为郡，泉州易名清源郡，清源县仍归其辖制。只是，郡县同名不便，故改之。因此，清源县更名仙游县。不过，这段历史故事却被完整地保存下来。陈谠是仙游人，到了南宋嘉定初年（1208），因其有功于朝廷，故宋宁宗赵扩遂封其为清源郡侯，以示恩宠。这"清源"二字可不简单，一则为仙游古县名，二则为泉州郡名的雅称。因此，仙游人听说陈谠被封为清源郡侯，莫不欢欣鼓舞，引以为豪。而陈谠有感于皇恩浩荡，又见朝中史弥远狼子野心渐露，举国侧目，不免有些忧心。于是，他借着九鲤湖圣地的威名，满怀祈望地写下"天子万年"四个大字，并令湖中道士将这四字刻于崖壁，冀望九鲤仙公能护佑大宋国泰民安，国祚永久。

"九鲤腾云"，竖式题刻，行书。1992年，时任福建省财政厅厅长潘心诚到九鲤湖考察，因梦而有感，遂题"九鲤腾云"四个大字。

"飞雨奔雷"，竖式题刻，行书。1939年，时任福建省财政厅厅长严家淦到九鲤湖考察，见其飞瀑雄壮，遂题"飞雨奔雷"四字。后来，他随蒋介石逃至台湾，曾一度出任代总统。

"玄珠"，意为黑色的宝石，横式题刻，楷书，落款剥蚀不可辨。旧志云：明代李翱书。相传，这玄珠石是九仙遗留下来的仙丹风化而成。原来这块玄珠石是在石鼓上面，它会随着湖水的涨落而上下浮沉。后来，有一次发大水，它被冲到石鼓下面，即今位置。不过，即使如此，只要你站在这块石上面，它还会晃动，十分神奇。

水晶宫，在"玄珠"石的前方就是"水晶宫"了，里面供奉着八仙。据康当世所编的《九鲤湖志》记载："宫在九仙祠前，半临湖上，八窗玲珑，可味可觞。嘉靖间，张观察谦橄建也。旁有复房可以寄宿。万历间，邑人陈司理绅重修。"

化龙洞，在祈梦楼的右侧，可以看见"化龙洞"。相传，在闽国末年，仙游人陈洪进听闻九鲤湖仙梦奇准，遂只身登临九鲤。谁知，他纵是武将出身，也架不住长途跋涉。当他从枫亭走到九鲤湖时，已累得气喘吁吁了。因此，他就地休息，端坐于祈梦楼右侧。此刻，阵阵凉风吹来，好不惬怀。大概是疲极犯困的缘故吧，仅几阵凉风过去，洪进竟至怡然闭目，神游太虚了。只见他化为青龙，一飞冲天，然而，才飞六七里，就听到有人在喊叫，他被一吓而醒，原来是南柯一梦啊。太平兴国三年（978），洪进纳表归顺北宋朝廷，被太宗皇帝封为武宁军节度使、同平章事，留京师奉朝请。翌年，随太宗皇帝一起攻取太原，灭北汉。后因功受赏，被封为杞国公，时人称其为化龙之兆。于是，九鲤湖遂名洪进坐处洞穴为"化龙洞"。

玉帝楼，位于九仙祠西北隅，坐西向东。明代正德十一年（1516），宋善长倡建，始名为九仙阁。原祀仙父仙母，九仙侍焉。万历间，道士苏清华重修，移九仙于九真观，此阁改祀玉帝和仙父仙母，故又改阁名为玉帝楼。

万灵庙（妈祖宫），位于玉帝楼西侧，主祀海神妈祖。事实上，湄洲岛和九鲤湖是莆田旅游的两颗明珠，"海上有妈祖，山上有九仙"，是莆田旅游文化的品牌。由于妈祖是海峡和平女神，又是兴化杰出女性代表，故九鲤湖也为其建庙奉祀，以彰其德。

飞瀑题刻，1994年中秋，时任省人大常委会副主任的袁启彤先生来九鲤湖考察，因得梦甚佳，心情愉快，便为九鲤湖挥毫写下"飞瀑"二字。过了一段时间，福建省内召开人大会议，他被推选为福建省人大主任，一时传为佳话。

观瀑石，"观瀑"两字是由痴情于书法艺术的兴化知府李翱所题。这两

字是景区中形体最大的摩崖题刻。听说以前李翱经常到观瀑亭一边观瀑一边习字，练其气势，练其构架，练其意韵，书法功力日益精进。如今，人们看到的"观瀑"虽经几百年的风吹雨打，但仍气势不凡。

九鲤飞瀑区 九鲤湖素以祈梦和瀑布驰名天下，其中，九鲤飞瀑更被明代著名的旅行家徐霞客盛称为"即匡庐三叠、雁宕龙湫，各以一长擅胜，未若此山微体皆具也"。然而，九鲤湖瀑布有九漈（各名为雷轰、瀑布、珠帘、玉箸、石门、五星、飞凤、棋盘、将军），但能阅尽九漈之奇者，据明陈文烛介绍："汉唐宋来，游九漈者，止三人，莫得其姓名，盖地仙也。"由是可知观遍九漈之难了。近现代以来，九鲤湖风景区大开发，为了游客安全着想，护栏广设，险处则禁，因此，有人想览彻九漈又难上加难了。如是说来，能作《咏九漈》诗者，堪称奇才了，至于能历遍九漈者，不敢说一定就是地仙，但肯定是个福泽深厚之人了。

九鲤飞瀑第一漈——雷轰漈，站在观瀑平台的上方我们往回看，在"第一蓬莱"右侧的瀑布，就是九鲤湖的第一漈瀑布——雷轰漈，这一漈瀑布，落差虽小，虽仅4米，但非常壮观。大洋溪的溪水从这里注入石湖，水流与漈口岩石相激，翻腾着，奔涌着，发出阵阵雷鸣。白天，如隆隆闷雷；深夜，似万顷松涛。待到雨季，洪水泛漫淹过溪床，在那些洞穴上面就形成大大小小漩涡，漩涡上水泡并起，水汽蒸腾，犹如沸开。同时，涡流又汇成阵阵"轰隆隆"的声音，徐霞客在《游九鲤湖日记》中形容此景"如万马初发，诚有雷霆之势"。

九鲤飞瀑第二漈——瀑布漈，沿着观瀑平台往下走，我们看到的是九鲤湖的第二漈瀑布——瀑布漈。瀑布漈位于石湖的出口处，是九鲤湖的第二漈。湖水从这里横溢漫流，擦石悬空飞泻108米，仿佛垂挂着一匹巨大的白绸缎。在暴雨之后的艳阳天，伫立在观瀑亭旧址观赏，但见飞流直下，色彩斑斓，飞瀑借阳光增色，阳光为瀑流添辉，而瀑布漈之下的峡谷呈现出一片红彤彤的景象，宛如一条浑身着火的巨龙在翻滚，又像是一片野火在燃烧，景致壮观奇特，令人心摇神醉，难以忘怀。

将军亭，始建于明万历年间，为郑邦福倡建，重建于1987年，为四角形石亭，是为纪念西汉一位姓冯的将军杀身成仁跳崖而修建的。苍山绿林之间的这些亭子大多临崖而建，也是观瀑的最佳角度。为什么将军在这里跳崖呢？相传当刘安知道何氏九兄弟逃离后，为防阴谋暴露，刘安调集精兵一路追杀，密令冯将军须在一个月内缉拿九兄弟，以免坏了大事。当他们循迹追到九鲤湖后，见何氏九兄弟一路普济众生、救苦救难，救黎民百姓免受瘟疫之灾，感动不已。其中，冯将军身为主官，领有重责，但他实在不忍心再置黎民百姓于危难之间。可是，眼看追捕期限将至，他真是心如刀割，想想这些军士多年来与他一起出生入死、情同手足，如今怎能因为自己一将无能，累及全军呢？因此，他劝部下就地解甲归农，各奔前程，自己则就地投崖自尽了。当何氏九兄弟听说冯将军的故事后，备受感动。为了感谢这位仁义双全的将军，他们就在此悬崖边建起一座简陋的将军亭用以纪念。在此亭中间，有"天然坐"三字横式题刻，为行书，乃明代郑邦福所书。据说，郑邦福之所以会题此三字，是因为他认为坐在这块石头上观瀑，实为最佳位置（但现在前面的树长高了，就不是最佳位置了）。后来，徐霞客在他的《游九鲤湖日记》里也提到过这块石头。相传，在这三个字的石头旁有条很整齐的裂缝，是冯勇将军在他要投崖之前感慨万千，遂挥起长剑一劈，便留下了这千年不灭的痕迹。

　　观澜亭，始建于明嘉靖年间，原为木亭，后因礼部尚书陈经邦著有《观澜亭记》，遂使其名声大振。可惜旧亭已毁，现为花岗岩石柱六角亭，改名为观瀑亭，乃是1987年重建。站在观瀑亭上，可以看见第三漈和第四漈瀑布，这是有名的"珠帘挂壁，玉箸双飞"的神奇瀑布。当水大时，两漈瀑布在下半部分交汇，水雾弥漫整个山谷。这时，经阳光直射，山腰上便架起了一道彩虹。同时，在谷底也有彩虹出现，这便是"午虹晴雨"奇观，非常壮观，极为难得。2008年，水利部官员来九鲤湖复审水利风景区时，恰逢大雨，雷电交加，见此奇景，他情不自禁地赞叹说："仙游九重瀑，世界真奇观。"也许是当时他的感触太深了，还曾即景吟出一副对联，其句曰："真雷声假雷声声声贯耳，雨中雾雾中雨真假难分。"

　　九鲤飞瀑第三漈——珠帘漈，该漈上下落差45米，水流量最大。珠帘漈自瀑布漈萦回而下约200米处，峡中突然向外凸出一悬岩，悬岩垂直落到白龙潭。湖水击岩喷飞，分两层坠入深潭。在丽日当空的午后，站在白龙潭畔仰望，内

层水珠循着赤褐色的石壁，像万串珍珠无穷无尽飞滚而下，在阳光照耀下，呈现出红、橙、青、蓝、紫等各种颜色，如一幅色彩缤纷的珠帘悬挂在陡峭的崖壁上，"珠帘"因而得名。

九鲤飞瀑第四漈——玉箸漈，落差50米，水流量最小，它看起来纤巧多姿，水自盘龙山山垅而来，流至崖头边缘，分为两股巨细相仿的水柱，循着笔直的峭壁平行坠入白龙潭。水流小时，像一双修长的玉箸插入潭中；水流大时，则宛若两条笔直雪亮的银柱撑住崖山。站在涧底仰望，但见珠帘挂壁，玉柱双飞，瀑流交映，水雾迷蒙，晴日飞雨，彩虹度峡，置身其间，似有飘飘欲仙之感，使你仿佛置身蓬莱仙境。若是晴天的午后，阳光射进峡口，在山谷的上空会现出一道绚丽夺目的彩虹，形成了"午虹晴雨"之奇观。明代大旅行家徐霞客游遍天下胜景，但当他来到九鲤湖，观赏了珠帘、玉箸的奇景时，情不自禁地发出了"集奇撮胜，惟此为最"的赞叹。

东凤寨，过了铁索桥就是九鲤湖东凤寨景点了，据说这里存有明代时当地村民为逃避黑白旗之乱而修建的古寨城墙遗址。此处之所以名为东凤寨，是因为曾有凤凰在这里栖息。该寨主要是以石景为主，这里自然景观奇特，四周峭壁环立，峡谷幽深，古树参天，遍地奇石。从寨顶向下俯观，南北风光尽收眼底，尤其是黄昏时节，烟斜雾横，景象变幻莫测，令人流连忘返。这儿有情侣幽会石、神象探幽、群龟朝圣、渔翁祭鲤、远祖神根、恐龙出洞等数十个自然景观，个个神态卓异，别有一番情趣。

观景台，台上有远祖神根，如泰坦尼克号的船头一样，是九鲤湖最为浪漫之处。桥式的一个观景台可远见九鲤湖的第二漈——瀑布漈，还有第五漈——石门漈。在观景台，可见东凤寨全景，眼前境界无比开阔，令人心旷神怡。下面是九鲤湖第六漈至第九漈瀑布，五星、飞凤、棋盘、将军漈所在位置，下游则是属于城厢区的九龙谷风景区。在观景台的左侧是一对"情侣幽会石"，犹如一对情侣在密林之中幽会，互诉衷肠，特别引人注目。凡来过东凤寨的情侣，大多喜欢在此合影留念。

天书藏玄，岩石表面呈现出五道纵向折痕，宛如峭壁天书，暗藏玄机，引人深思。

渔翁祭鲤，在东凤寨对面山的崖边是"渔翁祭鲤"，仿佛一位老者披着蓑衣，戴着斗笠远望前方。

群龟朝圣，在东凤寨对面的群山上是"群龟朝圣"。那一群神龟争先恐后地往上爬，神态虔恭，似乎正在赶往九真观朝圣，惟妙惟肖，活灵活现。

文武状元松，莆仙最喜欢松柏，素有"地瘦栽松柏，家贫子读书"的俗语，这与南宋陈俊卿的科举考试有着极大的关系。又因为陈俊卿曾在九鲤湖祈梦，最后大显于天下，所以仙游人为了纪念陈俊卿就将这里的两棵松柏命名为文武状元松。

说起陈俊卿的故事，则不得不说南宋绍兴八年（1138）的科考一榜四异的事情，其时，榜魁（状元）、榜眼、榜尊、榜幼都是莆田人。一个地方人物，一口气包揽四异，确实是古今罕见。因此，宋高宗赵构便在皇宫赐宴时，随口问状元、榜眼道："卿乡土有何奇？"意思是：你们家乡有什么奇特的呢？黄公度是状元，遂先行回答说："披锦黄雀美，通印子鱼肥。"而陈俊卿则说："地瘦栽松柏，家贫子读书。"高宗听后，评说："公度不如卿。"

众所周知，君无戏言，本来黄公度是状元，但因高宗皇帝一句感叹的话，则榜眼陈俊卿反而比状元要高明，仿佛这科状元又重新排定了。当然，这是民间的说法。不过，陈俊卿在参与会试时，曾到九鲤湖祈梦，九鲤仙公给的梦语就是"前程在黄公渡口"。当时，陈俊卿将梦语告诉黄公度，黄公度戏称："我是状元，你是榜眼。"陈俊卿闻言，十分不服，大声争辩说："你为什么要抬高自己，贬低别人呢？"于是，黄公度又改口说："那你是状元，我是榜眼了。"最后，陈俊卿的梦谶得验，而其名句自然便被仙游人怀念至今了。

第三节 "梦文化之乡"的建设

九鲤湖"梦文化之乡"建设主要依托风景名胜区建设，本应从资源条件出发，本着以人为本、以生态为本的原则，对风景资源实施有效保护和永续利用，对景区资源潜力进行合理开发，并充分发挥其效益，使风景名胜区得到科学的经营管理并能持续发展的综合部署。它要求与国民经济和社会发展计划相

适应，以便于相互协调和包容。然而，由于进入2000年之后，我国经济快速发展，人民生活水平大幅提高，旅游需要愈发强烈，以致2000年版的总体规划在具体实施过程中存在一些问题，其主要问题如下：

1．规划边界不清晰，在资源调查中对资源调查分析不够细致。

2．风景名胜区性质界定不够全面，对麦斜岩与卓泉岩的景观资源描述不足，对钟山镇休闲农业发展利用不足。

3．规划内容不完善，存在基础资料不完善、专项内容缺失等问题，缺乏功能分区、分级分类保护、建设控制管理以及居民点协调发展等专项规划内容，未能更好地指导九鲤湖风景名胜区的保护与利用。无须讳言，2000年版的规划对风景资源保护培育规划论述不足，它虽然划定分级保护，但未划定分级保护的明确范围，无法明确指导风景资源保护与合理开发，造成管理困局。

4．部分景区内游览项目安排不当，项目选择无法体现地域特色，没有因地制宜。

5．游人容量的计算方法不当，游人规模预测偏小。景区内安排过多的宾馆等公共服务建筑，影响景区景观。

6．景区发展失衡，景区间缺少联系。

7．风景区内村镇的建设影响风景区景观风貌。

总体而言，2000年版的总体规划具有较强的指导性，该规划实施以来，对九鲤湖风景名胜区的资源保护、建设管理发挥了积极、有效的作用。在当时的环境条件与认知程度下不失为一个较为科学、合理的风景区总体规划。其中一些合理的规划思路与内容，如"严格保护，适度发展"的战略，应在今后的总体规划修编中予以贯彻和延续。由于当时规划技术条件的限制，以及风景区规划规范、风景区保护条例等相关文件滞后，2000年版总体规划与现行的规范及相关条例存在差异，总体规划不适宜引导风景区的发展。

目前，九鲤湖风景名胜区还存在一些显而易见的问题，具体如下：

1．风景区成立管理委员会但管理力度不够，管理人员不足。

2．景区发展失衡，传统景区存在发展瓶颈，新增景区发展缓慢，游客分布严重失衡，无法分流，各景区之间联系不便捷，缺少互动。

3. 景区游赏内容单一，以朝圣与自然风景观光为主，基本停留在"观"的层面上，缺少体验式景点，产品体系没有形成。单一的观光旅游产品，直接导致游客的停留时间短、消费水平低。

4. 设施陈旧，未能配套。缺少相应的旅游配套活动设施。新建设施仅满足基本功能需求，品质差，严重影响游客对景区的印象。

5. 景区建设过程部分建筑体量过大，与环境不协调。

6. 风景区周边村庄发展影响景区形象与整体风貌。

7. 现有总规划难以适应当今发展需求，景区建设缺乏合理的规划依据。

8. 国有资金投入严重不足；民间资金投入引导力度有待加强。

有鉴于此，九鲤湖风景区管理委员会特针对以上诸问题提出了规划重点与对策。

1. 明确风景名胜区范围界线

明确风景名胜区范围界线。尊重风景资源与山体空间的完整性，保护山水的格局，协调城市发展、村镇建设及旅游区开发之间的关系，明确风景名胜区范围界线。

划定风景名胜区的外围保护地带，协调风景名胜区与全域风景游览体系的关系，增强城景协调。在风景名胜区范围外结合城镇道路、公园、广场、村镇建设用地等，划出本次规划的外围保护地带，强化城景协调，理顺风景名胜区与县域风景游览体系的关系，大力发展与风景名胜区相配套的旅游服务业。吸收外围保护地带各相关规划的成果，并提出相应的协调、衔接要求，对各种类型的用地提出强制性和指导性的要求，强化外围保护地带的控制力度。

2. 增加分区保护内容

按照国家现行规范、条例要求划定风景名胜区内的各类各级保护区和核心景区，明确相应的保护措施。根据风景名胜区的资源和地貌特点，有针对性地提出具体的保护要求，以分级为主划定各类各级保护区和核心景区，并提出专项保护措施。

根据本风景区保护、建设与管理及社会发展的需要，划定功能区。根据功能区不同，分别执行分区人类活动管理政策、分区设施建设管理政策、分区土地利用管理政策。同时，不同的分区实施不同的自然监测指标和社会监测指标。

3．发展大九鲤，加强区域协调

以九鲤湖风景名胜区为核心，做大做强大九鲤旅游圈，应加强与祈梦文化名胜区、九龙谷森林公园、榜头特色小镇之间旅游发展互动与协调，用地功能布局加强与钟山镇生态旅游镇开发建设协调。吸收外围保护地带各相关规划的成果，并提出相应的协调、衔接要求，对各种类型的用地提出强制性和指导性的要求，强化外围保护地带的控制力度。

4．保护自然山水资源，展示九鲤文化

保护自然山水，合理开发。贯彻"科学规划、统一管理、严格保护、永续利用"的风景区工作方针。全面保护风景资源，禁止任何形式的破坏性开发，维护景观完整性。划定分级保护区，根据保护级别实行不同保护开发措施。

展示九鲤文化，强化九鲤品牌。弘扬历史文化，挖掘风景区的文化内涵，构建具有地方文化特色的风景名胜区。突出九鲤湖风景名胜区的祈梦民俗文化与徐霞客文化的特色和山水景观资源优势。利用九鲤祈梦文化增加游客体验式游览项目，丰富景区游览内容。

5．统筹建设类项目

加强风景名胜区内建设项目的管理，统筹安排游憩、旅游服务配套等项目的布局。同时，上轮规划中的建设项目也要根据实际情况和新的政策要求进行

九鲤湖风光

调整，因此都要在本次总体规划修编中予以落实。

6．全面提升环境品质

以保护生态资源环境为前提，突出九鲤湖自然景观资源特色与祈梦文化，保护瀑布群与花岗岩地貌独特性景观，避免建设性破坏。特别是景区的重要出入口景观要采取强硬的态度，控制建筑高度、密度、形态，这样才能更好地将景区美好的一面表现出来；同时，对风景游览道两侧外围协调区范围的村庄建设进行协调，全面提升整个大九鲤旅游区的环境品质。

7．居民点建设及调控，引导经济发展

在保护风景资源与环境的前提下，利用风景旅游的优势条件，积极探索

地区经济的发展途径。结合对居民点的产业结构调整，促进其基础设施与风貌建设，逐步发展成为特色民俗旅游村。规划在居民点问题上遵循资源与环境保护、居民受益、公平三大原则。通过相应的合作委员会等管理机制，在行政、技术、经济和人力方面提出相应的规划政策加以解决和协调。

8．理顺管理体制，强化统一管理

加强风景名胜区管理机构的行政管理职能，强化对风景名胜区的统一管理，强化风景名胜区内各项建设的规范化管理。景区管理委员会全力负责风景区的保护管理工作，并加强九鲤湖风景名胜区与九龙谷国家森林公园管理互动，协调发展。

第四节 "梦文化之乡"的发展前景

九鲤湖集名山之秀、祈梦之幻，峰峦岩壑秀拔奇伟、溪流泉涧飞翠流霞，构成了青山碧水之天然美景，并有寻幽邂梦的独特祈梦文化，九鲤湖的风景资源兼具自然景观之美和人文景观之胜，为仙游县风景名胜区之首。

随着我国经济发展，人们出游意愿不断高涨，社会进入大众旅游阶段，面临旅游发展黄金时机。近年仙游县积极开展全域旅游，以九鲤湖为核心把九鲤湖、菜溪岩、麦斜岩、仙水洋、九龙谷等景区连成一体，串点成线，形成复合型的旅游景点新布局，打造生态文化旅游品牌，建设海西生态文化休闲度假旅游目的地。以九鲤湖风景名胜区为核心的大九鲤旅游圈将进入高速发展阶段。

从2011年到2015年游人呈稳步上升的趋势。2012年游人有一个突然性的增长，2012年、2013年增长平缓，2015年又呈井喷式发展，2015年国庆节期间，九鲤湖风景名胜区接待游客量最高日为2万人，自驾游车辆近4000部。九鲤湖游客量的增长主要受近年交通的改善与经济发展大背景下旅游热潮的影响。自从莆永、沈海复线高速公路通车后，仙游境内拥有7个高速互通口，旅游交通瓶颈逐渐打开，全县主要旅游景区自驾车游客明显增加。省道纵三线S213仙游段在仙游境内长71公里，在游洋与纵三线对接，连接莆永高速盖尾、城区互通口，对接仙港大道和城市环路。S213省道现已开工建设，随着今后省道贯通，将缩短九鲤湖通往仙游县城距离，必将为九鲤湖与钟山镇的旅游带来跳跃式增长。

未来九鲤湖风景名胜区将融合周边自然景观资源，形成大九鲤风景区，其景色按特色可以划分为九鲤寻梦、幽壑听瀑、平湖赏秋、蝶谷探秘、激流历险、云居观雾、麦斜怀古、花海闻春、农家唱晚、卓泉问禅等10个景观游赏主题单元。近期游赏的重点在以风景观光及祈梦民俗文化体验为重点的主线上；游赏的方式主要还是观光游和民俗体验。远期游赏结构中将提升休闲游、体验游、专题旅游和会议度假游的比重，如以攀岩运动游、花卉考察游、度假游、文化之旅、徒步探险游、生态养身游等为主。每个游赏单元的构思如下：

九鲤寻梦 九鲤寻梦是九鲤湖风景名胜区内最突出、最具代表性的人文景观。将入口至龙屺院的山谷地打造成现代祈梦体验区。游客在此区域体验祈梦九仪，在区域可全部体验祈梦文化的流程。参观梦文化发源地九真观等，让游客充分体验了解祈梦文化民俗，并利用梦文化开展心灵疗愈。为创造梦文化体验场景，景区规划修建净梦园、祈梦之路等景点与场馆。利用影像技术，将虚拟影像投影至实景中，让游客在游览过程体验亦幻亦真的梦幻空间。合并延寿溪与周边水塘，扩大水面形成如意湖，开辟缘梦湖至九仙湖水上游线，碧水泛舟，领略乡野之美。此区域可开展夜游九鲤的项目，拓展游览内容，延长游赏时间，结合周边村庄改造形成禅茶文化村与琉璃花街。祈梦之路利用灯光与夜间发光材料建星光大道，游客可在此漫步祈愿放松身心进而祈梦。新辟景区入口修建观光车道，避开村庄，营造一个清幽梦幻游览区。主入口至九真观区域应注重夜景工程建设。

幽壑听瀑 九叠飞瀑群是九鲤湖风景名胜区内最突出、最具代表性的典型景观展示之一，是目前游客量较大的景区。本区地势险峻、悬崖陡峭、飞瀑激流、植被茂盛，可观赏大自然鬼斧神工之美。游赏主要内容为登山观瀑、探险。本区重点建设游步道，游步道可采用悬索、玻璃栈道、滑索等不同的形式，让游客体验不同的观景感受。规划增加游步道线路与九龙谷森林公园衔接，延长游线，游步道设置形成环线。游步道沿途修建休闲亭、廊、观景台，新修的游览构筑物应成为景区的新景点。

九鲤湖

平湖赏秋　为增加瀑布景区水量，在此建坝蓄水，形成狭长的东湖景观。东湖周边种植秋色叶植物，春秋两季满山树叶五彩缤纷，如置身油画中。此区为游览瀑布景观过程停留休憩区。主要设置游步道、休闲亭廊、服务点，游客在此驻足停留品茗、赏景。

蝶谷探秘　蝴蝶谷植被茂密，生物多样性丰富。利用自然地形，在保护生态环境的基础上，设置野外拓展活动，主要为森林探险等项目。可开展观鸟探险与目的地探险，游客可以由专门的向导带领按照指定路线探险，也可以在不破坏生态的前提下，自己设计探险路线，独自完成探险，服务站为游客提供必要装备和信息，如GPS，保证游客与服务站即时联络，第一时间提供相关服务。交通方式分为穿林、空中等，栈桥等交通工具的设计要符合环保要求，体现原生态特色。

激流历险　利用地形落差相对较小，且奇石密布，有五级瀑布分布在奇石谷的优势，打造适合大众的飞瀑奇石漂。丰富沿溪景观节点，让游客在体验激情漂流的同时，亦能获得感官上的满足。

云居观雾 麦斜岩主峰也称"云居山"，地势险峻、悬崖陡峭、石怪洞奇、云雾缭绕，素有峰险、石奇、洞幽、雾幻"四绝"之称。主峰海拔1006.5米，常有云雾缭绕峰顶。景区突出其自然景观，游赏内容主要为登山赏景，寻幽探险，开展观日观雾、徒步野游、登山攀岩、速降、定向运动、野营等野外游憩活动。组织开发游览线路，修筑栈道、休息平台、观景亭等必要设施。通过景点的联系和串通，使各个景点更为生动、突出、活泼，让游客对景物充满想象，流连忘返。

麦斜怀古 麦斜岩为仙游四大景之一，历代文人墨客在此留下众多遗迹，亦为中国工农红军108团革命遗址所在地。景区入口至麦斜岩寺，风景优美，周边历史古迹众多，历史沧桑感强烈。应保护现存遗迹，宣传红色文化教育，举办缅怀先烈爱国主义教育活动，成为仙游县爱国主义教育基地之一。

花海闻春 欧中花卉种源谷是一个集名贵花卉种苗研发、培育、种植、销售为一体的产业园，致力打造全国球根花卉种源繁殖基地。将花卉景观与园艺生产结合，形成色彩缤纷的浪漫花海，打造花卉观光旅游基地。开展婚纱摄影、花卉栽培体验、干花制作、鲜花饼制作等活动，可出售鲜花以及有关花的旅游纪念品。为更好赏花，在此区应布置必要的游步道、自行车道与园区专用观光车道，设置游憩设施，观景亭廊修建生态停车场与旅游公厕等。

农家唱晚 延寿溪两岸钟山平原风景优美，阡陌交通、鸡犬相闻，一派世外桃源的自然田园风光。该区应充分利用现状资源，开展生态农业旅游，如开设瓜果采摘园、农事体验、垂钓、捉泥鳅等农家乐活动，举办艺术稻草人节、瓜果采摘节等，同时可以结合周边的村庄和乡土节日，开展民俗风情游，展示仙游的传统民俗文化。利用村道修建自行车骑行慢道，并结合古民居设置驿站。改造富有地方传统特色的民居作为民宿，带动居民发展第三产业。

卓泉问禅 卓泉岩是九鲤湖重要景点之一，历史悠久，花岗岩石景姿态万千，山上翠竹葱茏，寺宇清幽。本区结合清幽自然环境，体现古朴、和谐、自然、宁静的景观特色和道家与世无争、虚怀若谷、天人合一的景观氛围。开

辟登山步道与其他景区连接，修建观景休息亭廊。开发中草药养生文化与禅修文化，使之成为静修场所。

综合分析九鲤湖风景名胜区的区位条件、周边交通条件、旅游资源特点、现今的社会经济情况以及旅游行业的动态等综合因素，九鲤湖风景名胜区将立足发展成为九鲤湖周边"3小时车程"范围城市周边游的主要目的地。它利用"祈梦文化"的特殊性，争取发展为国内知名的梦文化探寻地。为此，九鲤湖风景名胜区旅游客源市场以仙游县、莆田市及福州、泉州、厦门等周边城市为主，进而向福建大旅游市场及海西经济区的其他城市拓展，积极纳入"闽山闽海黄金旅游线"（碧水丹山武夷山——历史名城福州——妈祖圣地湄洲岛——历史名城泉州——海上花园厦门）内，进而向全国客源市场迈进；台湾一直是莆田仙游最主要最具潜力的客源市场，来莆仙旅游的境外游客中，台胞占80%左右。随着国家对台政策的调整，对台旅游、探亲将进一步开放，那入境客源必然大幅度增加。

1．基本客源

一级客源：根据周边游用户出行的距离特征，将"3小时车程"范围确定为九鲤湖风景名胜区一级客源。为此，仙游县与莆田市及省内以"协作区""旅游经济圈"等周边城市，特别是福、厦、漳、泉及闽西北为一级市场。

二级客源：中距离的长江三角洲、珠江三角洲为二级市场。开拓两洲广阔的客源市场，扩大旅游接待份额。100公里以下，100≤300公里、301≤500公里，以及500公里以上周边游用户，这些人群中，主要有陪伴家人、开阔眼界、品尝美食、慕名而来、探亲访友、周边旅游等。

三级客源：以广阔的江北、北方省份，如天津、山东、河南等地为三级市场。由于南北地域及风土人情等方面的差异，利用游客对"祈梦文化"的向往，将九鲤湖风景名胜区开创为其旅游目的地。

2．其他客源

以港澳台地区为一级市场。台湾一直是最主要最具潜力的客源市场，来莆仙旅游的游客中，台胞占比较大。港澳台同胞来莆旅游以朝拜妈祖、探亲访友、商务会议、考察投资为主要动机。

以东南亚为二级市场。东南亚侨胞是重要的海外客源市场。

以日、韩、欧、美为三级市场。日本、韩国和欧美市场是境外旅游客源市场潜在的机会市场。

总体来说，未来九鲤湖核心景区四大块将会得到重点建设，它们主要包括祈梦主入口区、祈梦原乡主题园区、九真观周边游览区、九鲤瀑布景区等。其中，祈梦主入口区要修建大型停车场，建景区游客集散中心、游客中心、管理中心，加强入口区的景观建设；祈梦原乡主题园区主要是建设主题园、净梦园，建祈梦之路、九鲤路、仙泉阁、茶香廊、圆梦塔等；九真观周边游览区则侧重于保护修缮九真观、祈梦楼，改造九鲤禅寺等；九鲤瀑布景区力求保护原生态的景点。

到了2030年，九鲤湖省级风景名胜区必将具备完善的基础设施、监测系统、监控中心和配套服务设施系统。为游客提供科普科研旅游、商务会议、生态旅游、休闲度假旅游和体验旅游等场所，基本完成总体规划中的各个项目。随着风景名胜区的完善，游客数目逐渐增加，风景名胜区收益逐年上升，进入平稳发展阶段，风景名胜区的保护管理水平不断提升。

与此同时，九鲤湖风景名胜区作为紧邻钟山镇的风景区，它的发展框架也与钟山镇发展相协调。据仙游县钟山镇总体规划（2012—2030年），钟山发展定位为围绕"生态立镇、农业稳镇、旅游强镇"发展战略，打造具有生态张力的旅游观光型乡镇。以特色农业、旅游服务业、基础设施建设为支撑，致力于把钟山建成社会安定、经济繁荣、环境优美和特色鲜明的乡镇。其旅游发展定位是以九鲤湖核心景区为基础，以钟山镇、麦斜岩片区、台湾农民创业园、九龙谷景区为依托，推动景区从观光向观光+休闲+度假+养生+运动的综合旅游区转变，积极打造集祈梦文化体验、精品山水观光、创意农业旅游、民俗旅游、养生休闲度假为一体的国际旅游综合体，这正好与大九鲤湖风景区的发展思路

不谋而合。因此，九鲤湖风景名胜区旅游服务接待区将与钟山镇旅游服务接待合并，形成一个成规模的旅游服务区，优化旅游服务区的公共配套设施，市政配套设施与钟山镇区一并考虑，使其功能最大化。旅游服务区也将带动城镇的发展，服务区服务人员可依托钟山城镇居民。

有鉴于此，钟山镇着力严格保护景观节点，主要措施有：

第一，**入口型节点**。卓泉岩村、麦斜岩村、廊桥村、湖亭村等处节点属于风景区入口型节点，是游人进入各游览区的第一印象区。因此应对入口型节点附近的城市建设进行控制，以确保在较近距离仰视自然山体时的景观效果，保持风景名胜区入口空间的完整氛围。规划选取仰视类型中的前景范围为主要景观控制范围，即于入口型节点附近主要山体呈30度仰角的视域范围内，除必要景观建筑和服务建筑外，无建筑物遮挡；个别地段如廊桥村以及湖亭村附近，已有较为完整的村落格局，可控制建筑高度不超过9米。同时大力清理整治入口周边杂乱环境，结合美丽乡村建设合理疏解影响景观的居民点和其他设施，恢复绿化和景观。同时根据各景区的资源特色和规划发展方向，合理设置游览设施，结合入口服务功能和景观形象，精心设计能够体现各景区自然特征与文化特色的入口风貌。

第二，**对景型节点**。刘庄、壁院、郑洋等处节点，作为交通线上的视觉焦点，是进入风景名胜区的重要引导，应对附近建设项目的形式和体量予以控制，以体现风景名胜区的标志性和特征性。规划选取仰视类型中的中景范围为主要景观控制范围，即在与节点山体呈8度仰角的视域范围内，控制建筑高度不超过12米。同时清理影响视线关系的建筑和设施，在山体周边留出绿化控制带，以突出交通游览道路、城镇建设和山体节点之间的借景、对景关系。绿化控制带外围的城镇和乡村建设应追求古朴自然，充分与环境融合，避免过于人工化、城市化或者园林化。

第三，**连接型节点**。S213省道是沟通风景区与其他地区联系的重要交通线，也是钟山镇地区的重要景观连接点，对沿线视觉影响范围内的村庄建设和旅游服务基地建设进行控制，保证连接型节点的空间引导地位。选取仰视类型中的中景范围为主要景观控制范围，即S213省道与附近主要山体呈8度仰角的视域范围内，控制建筑高度不超过12米。在保证其交通通畅的同时，加强生态恢复和景观营造，保护沿线生态农业景观。

　　至此，钟山镇便构筑特色景观视廊，只要登上风景名胜区内的山体制高点，可饱览周边的农田、山体、城镇的景色。云居峰与钟山镇、钟山旅游服务基地、擎天峰等处形成了多处重要的景观视廊，尤其是麦斜岩与其西侧的钟山镇及南侧的大片农田共同构成了高山桑田的景观视廊。（1）山水景观视廊，主要指由麦斜岩与擎天峰眺望钟山平原方向的视廊，视廊范围内包括了农田、村庄和山体，景观变化丰富，对视廊范围内建筑高度和建筑体量严格控制，其整体的建筑轮廓线应与背景的自然山体相协调，保证麦斜岩与延寿溪之间的山水景观视廊的视觉连续性。（2）城景景观视廊，主要包括由麦斜岩云居峰望钟山镇的视廊、由擎天峰与虎头山西南望仙游的视廊。规划选取麦斜岩俯瞰类型中的可见区为主要景观控制范围，即由山体制高点向视廊方向俯角呈－8度至－30度的俯瞰范围。其中－8度至－10度为视觉中心区，城市建设对景观视廊的影响较为明显，但距风景名胜区距离较远，规划在这一范围内控制建筑高度小于18米，城市建设的绿地率在40%至50%之间；－10度至－30度之间为视觉重要区域，是景观视廊的主要视觉范围，与风景名胜区紧密衔接，规划在这一范围内控制建筑高度小于9米，城市建设的绿地率不低于50%。

后　　记

　　仙游是我的家乡，我对这片神仙游过的土地爱得深沉。身为仙游优秀传统文化的传承者、守望者，我对九鲤湖这个仙游地方文化的重要原乡，更是怀抱着满满的深情，乃至在2003年仙游古典艺术家具品牌大发展起步之时，我率先提出了"仙作"这个概念，并成功申请注册了该品牌商标。"仙作"虽然只是简单的两个字，但它概括了仙游代代能工巧匠的智慧，又与仙游号称"仙乡"、美景被誉为"仙景"、文化界致力打造的"中国梦乡""仙梦"有异曲同工之效。2006年，我联系并撰写了"中国古典家具工艺之都"的申报材料，中国工艺美术协会向仙游县授予了"中国古典家具工艺之都"荣誉称号，令全县振奋。值此之机，我心中又在酝酿仙作、仙景、仙梦之三仙文化。这时，我仍在仙游文联任上，遂于2008年向中国民间文艺家协会申报"中国梦文化之乡"，竟于翌年再获成功，深感荣幸，亦自快慰能无愧于上级领导与家乡人民对我的培养。

　　而今，弹指一挥间，我已退休，而仙游获得"中国梦文化之乡"业已10年。在这10年中，作为"中国梦文化之乡"的核心区域——九鲤湖，省、市、县里对其发展都格外关心，至今每年都有新发展、大变化，犹如出水之芙蓉，初生之朝日，鲜明秀丽，光彩照人。九鲤湖不仅被仙游县列为"建设临港工贸旅游城市"战略要地，还被莆田市城市规划纲要列为"海上有妈祖，山上有九仙"的建设重点，并在2014年一跃成为国家4A级旅游景区。2017年，九鲤湖管委会宣布将斥资25亿元，全力推动九鲤湖创国家5A级旅游景区。毫无疑问，九鲤湖之所以能够取得如此巨大的成绩，与"中国梦文化之乡"的品牌效应分不开，与省、市、县各级领导的重视分不开。

　　抚今追昔，本人作为中国梦文化研究中心的主任，真是心潮澎湃，感慨万千。因此，当中国民间文艺家协会和中国文联出版社邀请我组织主编《中国梦文化之乡——福建仙游九鲤湖》时，我便毫不迟疑地答应。此后，在九鲤湖管委会陈清好主任的大力支持下，开始了分章设节、拟定主题、裁定框架等各项工作，并组织人员充实写作队伍。其间，承蒙黄玉坤、郑裕良的悉心配合，还有仙游县地方志编纂委员会主任陈志斌同志的倾情帮助及卢永芳、赵贺民等人的精诚协作，本书编写过程虽艰辛但也十分高效，前后仅用半年时间就完成初稿。初稿既成，我又邀请邑内名家高贤指点审核，继而多方征求意见，三易其稿，终得是书。其编撰艰难可见一斑，而成章后的喜悦，确实是与有荣焉。

毋庸置疑，中国梦文化源远流长，而唯独仙游九鲤湖的祈梦文化能历时2000余年，仍然长盛不衰，传唱不绝，这中间所蕴藏的深厚的文化底蕴，亟须国内有识之士一起来深入研究与总结，以期公诸同好，共承我国古老而且优秀的传统文化，繁荣并发展社会主义精神文明，满足人民群众多样化、多层次、多方面的精神文化生活需求。倘能如是，则本人幸甚，本书幸甚，仙游幸甚，九鲤湖幸甚也。

连铁杞
2018年国庆书于仙游